suhrkamp taschenbuch
wissenschaft 2096

Was ist Jazz? Wie unterscheidet er sich von anderen Arten von Musik? Und inwieweit handelt es sich bei ihm um einen besonders interessanten Gegenstand für das Nachdenken über ästhetische Fragen? Das vorliegende Buch stellt die erste philosophische Auseinandersetzung dar, die sich dem Jazz widmet. Daniel Martin Feige geht darin der Frage des Verhältnisses zwischen Jazz und europäischer Kunstmusik nach und untersucht den Zusammenhang zwischen Musiker und Tradition sowie zwischen Werk und Improvisation. Dabei lässt er sich von der originellen These leiten, dass erst im Jazz zentrale Aspekte musikalischer Praxis überhaupt explizit gemacht werden, die in der Tradition europäischer Kunstmusik implizit bleiben.

Daniel Martin Feige ist wissenschaftlicher Mitarbeiter im Sonderforschungsbereich 626, »Ästhetische Erfahrung im Zeichen der Entgrenzung der Künste«, an der Freien Universität Berlin.

Daniel Martin Feige
Philosophie des Jazz

Suhrkamp

Für Jakob

Bibliografische Information der Deutschen Nationalbibliothek
Die Deutsche Nationalbibliothek verzeichnet diese Publikation
in der Deutschen Nationalbibliografie;
detaillierte bibliografische Daten sind im Internet
über http://dnb.d-nb.de abrufbar.

3. Auflage 2014

Erste Auflage 2014
suhrkamp taschenbuch wissenschaft 2096

Umschlag nach Entwürfen
von Willy Fleckhaus und Rolf Staudt
Druck: Druckhaus Nomos, Sinzheim
Printed in Germany
ISBN 978-3-518-29696-7

Inhalt

Danksagung

Mit dem vorliegenden Buch habe ich versucht, mein Leben vor der akademischen Philosophie, meine Laufbahn als professioneller Jazzpianist, mit meinen Interessen in der philosophischen Ästhetik und Kunsttheorie zusammenzubringen. Einer der Grundgedanken dieses Buches lautet, dass die musikalische Praxis des Jazz ein wesentlich interaktives und dialogisches Geschehen ist. Das gilt in anderer Weise auch für die Philosophie. Somit sind die vorliegenden systematischen Überlegungen auch Produkt vielfältiger Austauschprozesse. Von den unzähligen Personen, die implizit zu den Konturen dieser Überlegungen beigetragen haben, sind vor allem meine philosophischen Lehrer, Martin Seel und Georg W. Bertram, zu nennen. Mit ihnen hat mich nicht zuletzt immer auch die Leidenschaft für den Jazz verbunden. Georg W. Bertram hat zudem eine vorläufige Fassung des Manuskripts hilfreich kommentiert, wofür ich sehr dankbar bin. Dankbar für zahlreiche Anmerkungen zum Manuskript bin ich auch Alessandro Bertinetto. Im Verlauf der letzten Jahre habe ich mit ihm immer wieder über Fragen einer Philosophie des Jazz diskutiert – Gespräche, die von unschätzbarem Wert auch für die Überlegungen in diesem Buch waren. Für Kommentare zum Manuskript bin ich außerdem Frédéric Döhl und Gesa zur Nieden zu Dank verpflichtet, die mich mit ihren musikwissenschaftlichen Kompetenzen sicherlich auch davor bewahrt haben, dass das Buch sich in allzu spezifischen philosophischen Fachdiskussionen verliert. Herzlicher Dank geht zudem an den Suhrkamp Verlag und vor allem Philipp Hölzing für das Vertrauen in das Projekt, die freundliche Betreuung sowie für zahlreiche hilfreiche Anmerkungen. Dank schulde ich weiterhin David Blumenthal, Lisa Friedrich, Shirin Weigelt und Tobias Wieland, die bei der Bearbeitung des Textes geholfen haben und seine Lesbarkeit durch viele Kommentare verbessert haben. Die Monographie ist im Rahmen meiner Tätigkeit als wissenschaftlicher Mitarbeiter im Sonderforschungsbereich 626, »Ästhetische Erfahrung im Zeichen der Entgrenzung der Künste«, an der Freien Universität Berlin entstanden; ich bin nicht nur der DFG für die Ermöglichung einer derartigen Forschung zu Dank verpflichtet, sondern auch dem ausgesprochen kollegialen wie wissenschaftlich anregenden Umfeld im Sonderforschungsbereich. Im Dank nicht ungenannt bleiben dürfen bei einem solchen Buch auch die Musiker, mit denen ich die Freude und das Privileg hatte, in unterschiedlichen Kontexten, Besetzungen und Stilen – von Swing bis Nu-Jazz – musikalisch in den letzten Jahren aktiv zu sein; ich möchte hier vor allem Felix Brümmer, Oliver P. Müller, Johannes Erbslöh, Steffen Welsch, Christoph Jilo, Kai Birkenfeld, Jan-Hendrik Otten und Danny Kringiel nennen.

Kapitel 1
Einleitung: Was ist eine Philosophie des Jazz?

Bei diesem Buch handelt es sich um eine Philosophie des Jazz und von seinem Charakter her zumindest in einigen Passagen auch um eine Einführung in die Philosophie des Jazz. Es handelt sich aber nicht um eine Einführung in Geschichte, Stile und wichtige Musiker des Jazz.[1] Eine grundsätzliche Vertrautheit mit der Geschichte, den wesentlichen Stilen und zentralen künstlerischen Persönlichkeiten des Jazz wird vielmehr vorausgesetzt. Natürlich werde ich im Verlauf der Darstellung immer wieder auf Aspekte der Geschichte des Jazz sowie auf einzelne seiner Stile, auf bedeutsame Musiker und ihre Eigenarten zurückkommen. Aber ich widme der Geschichte des Jazz ebenso wenig wie den Stilen und den Musikern des Jazz ein eigenes Kapitel. Das vorliegende Buch stellt keine Einführung in den Jazz im Sinne einer Vermittlung von Wissen über den Jazz dar, auch wenn beiläufig sicherlich derartiges Wissen vermittelt wird. Es ist vielmehr eine Explikation zentraler mit dem Jazz verbundener philosophischer Fragen, wie sie sich aus der Perspektive desjenigen, der mit dieser Musik grundsätzlich als Hörer oder Produzent vertraut ist, präsentieren.

Zwei Themenfelder stehen im Zentrum dieses Buches: Im Rahmen der Überlegungen wird zum einen eine philosophische Skizze des Jazz als einer bestimmten Art künstlerischer Musik entworfen. Zum anderen wird geklärt, warum und inwieweit der Jazz ein interessanter Gegenstand für das philosophische Nachdenken

1 Als Einführungen sind hier etwa folgende Publikationen brauchbar, wiewohl ihre Lektüre natürlich nicht die Hörerfahrung und die sich mit dieser entwickelnde Ausbildung der Sicherheit des eigenen Geschmacks ersetzt. Joachim-Ernst Berendt, Günther Huesmann, *Das Jazzbuch. Von New Orleans bis ins 21. Jahrhundert*, Frankfurt/M. 2005. Paul F. Berliner, *Thinking in Jazz. The Infinite Art of Improvisation*, Chicago, London 1994. Mervyn Cooke, David Horn (Hg.), *The Cambridge Companion to Jazz*, Cambridge, New York u.a. 2002. Scott DeVeaux, Gary Giddins, *Jazz*, New York 2009. Ingrid Monson, *Saying Something. Jazz Improvisation and Interaction*, Chicago 1996. Vgl. auch die von Wolfram Knauer herausgegebene Reihe des Jazz-Instituts Darmstadt: Wolfram Knauer (Hg.), *Darmstädter Beiträge zur Jazzforschung. Band 1-12*, Hofheim 1992 ff.

ist. Denkt das vorliegende Buch in dieser Weise philosophisch über den Jazz nach, so werden im Folgenden dennoch nicht ausschließlich Fragen einer derart verstandenen Philosophie des Jazz diskutiert. Vielmehr kommen in der Diskussion dieser Fragen auch immer wieder weiter gehende Fragen der Philosophie zur Sprache. Dieser Umstand entspringt keiner Unkonzentriertheit der Darstellung. Vielmehr ist er einem Merkmal philosophischen Nachdenkens überhaupt geschuldet. Denn philosophische Fragen hängen in einer nicht äußerlichen Weise zusammen. Eine Antwort auf eine philosophische Frage setzt immer schon Antworten auf andere philosophische Fragen voraus. Legt man sich auf etwas fest, hat man sich implizit auch auf vieles Weitere festgelegt. Wer über den Jazz nachdenkt, stößt zum Beispiel schnell auf die Herausforderung, genauer zu bestimmen, worin sich der Jazz von anderen Arten von Musik unterscheidet. Geht man dieser Herausforderung nach, so stößt man auf ein damit verwandtes Problem: Kann man Jazz durch die Angabe von Merkmalen definieren, die ihn eindeutig von anderen Arten von Musik unterscheiden, oder ist die Idee einer solchen Definition gar nicht verständlich? Diese Frage ist bereits keine Frage nur der Musikphilosophie mehr, sondern eine Frage nach der Logik begrifflicher Unterscheidungen überhaupt. Eine Antwort auf die Frage, wie solche begrifflichen Unterscheidungen zu verstehen sind, legt zugleich fest, in welcher Weise der Unterschied des Jazz gegenüber anderen Arten von Musik bestimmt wird. Der Tatsache, dass jede Festlegung in dieser Weise von impliziten Festlegungen begleitet wird, möchte ich im Folgenden dadurch Rechnung tragen, dass ich an den Stellen, wo es geboten ist, Exkurse einbinden werde, die weiter gehende Fragen als Fragen einer Philosophie des Jazz betreffen. In dieser Weise hoffe ich, dass das Buch auch für diejenigen Leser zugänglich wird, die keine Ausbildung in der akademischen Philosophie genossen haben. Aus diesem Grunde verzichtet die Darstellung auch weitestgehend auf Fachbegriffe beziehungsweise erläutert die meisten Fachbegriffe, deren Verwendung unumgänglich ist, im Fließtext. Allein in den Fußnoten werde ich die Zügel etwas lockern und mit entsprechenden Literaturverweisen ansatzweise auch Stellung zu speziellen akademischen Diskussionen nehmen.

Was aber ist überhaupt eine *Philosophie* des Jazz? Dies ist selbst bereits eine philosophische Frage. Denn hinsichtlich der Frage, worin das Spezifische philosophischen Nachdenkens besteht, gibt es unterschiedliche Auffassungen. Man kann sie so verstehen, dass sie danach fragt, was eine Philosophie des Jazz von anderen Arten einer wissenschaftlichen Beschäftigung mit dem Jazz unterscheidet. Das Merkmal, dass explizite philosophische Festlegungen viele implizite Festlegungen voraussetzen, ist hier nicht hinreichend. Denn dieses ist kein exklusives Merkmal der Philosophie. Eine philosophische Beschäftigung mit dem Jazz unterscheidet sich in anderen Hinsichten von anderen paradigmatischen wissenschaftlichen Beschäftigungen mit dem Jazz. Zu paradigmatischen wissenschaftlichen Beschäftigungen mit dem Jazz dürften sicherlich musikwissenschaftliche, soziologische und kulturgeschichtliche Forschungen zählen, wenn sie Aspekte des Jazz zum Thema haben. Wenn man diese Forschungen von den Analysen der Philosophie unterscheidet, so ist damit nicht gemeint, dass Musikwissenschaftler, Soziologen oder Kulturhistoriker keine Beiträge zu einer Philosophie des Jazz beisteuern können. Denn es geht nicht darum, in welches Fach jemand institutionell eingebunden ist, sondern darum, welche *Art von Fragen* er oder sie behandelt. Auch aus dem Kreis der Musikwissenschaft, Soziologie und Kulturgeschichte gibt es dementsprechend Beiträge, die als Beiträge zu einer Philosophie des Jazz verstanden werden können. Mit der Kontrastierung der philosophischen Beschäftigung mit dem Jazz gegenüber anderen wissenschaftlichen Beschäftigungen mit dem Jazz ist ebenso wenig gemeint, dass eine Philosophie des Jazz Erkenntnisse der Musikwissenschaft, Soziologie und Kulturgeschichte einfach übergehen darf. Wenn derartige Erkenntnisse nicht berücksichtigt werden, so sollten philosophische Überlegungen ihnen zumindest nicht grundsätzlich widersprechen. Den Zusammenhang der letzten beiden Bemerkungen kann man so erläutern: Die Philosophie des Jazz konkurriert gar nicht mit musikwissenschaftlichen, soziologischen und kulturgeschichtlichen Analysen des Jazz. Denn wenn man sich etwa für die Frage interessiert, wie sich der Jazz faktisch historisch entwickelt hat und welche sozialen Triebkräfte und Dynamiken hier im Spiel waren, sind zum Beispiel soziologische und kulturgeschichtliche Arbeiten die richtige Adresse und nicht die Philosophie. Damit ist aber bereits ein Unterschied markiert. Geht eine kulturgeschichtliche Analyse etwa von überlieferten Quellen aus, die das, was Rezipienten und Produzenten gesagt haben, dokumentieren, so fragt die Philosophie danach, welche Aussagen über den Jazz *wahr* sind. Die Darstellung der historischen Entwicklung des Jazz kann zwar selbst richtig oder falsch sein – aber die Frage, was Jazz ist und wie er sich von anderen Arten von Musik unterscheidet, ist noch nicht hinreichend unter Verweis auf Meinungen von Produzenten oder Rezipienten beantwortet. Denn der Verweis auf Meinungen von Produzenten oder Rezipienten hat nicht prinzipiell schon eine Autorität, da deren Meinungen ja auch unbegründet oder einseitig sein könnten oder bloß Ausdruck subjektiver Vorlieben. Geht es der Philosophie in dieser Weise um Begründungen, so unterscheidet sie sich von Wissenschaften wie der Musikwissenschaft, der Soziologie und der Geschichtswissenschaft, aber auch von Wissenschaften wie der Physik oder der Biologie dadurch, dass sie nicht Erkenntnisse produziert, sondern vielmehr *Erkenntnisse über Erkenntnisse*. Sie greift das auf, was wir in gewisser Weise schon verstanden haben, und versucht es für uns in begründeter Weise noch einmal neu und anders verständlich zu machen – oder im Einzelfall auch zu zeigen, dass einige unserer Überzeugungen falsch sind. Gegenstand der Philosophie sind dabei natürlich nicht irgendwelche beliebigen Begriffe. Eine Philosophie des Zähneputzens oder des Sockenwaschens wäre wohl kaum der Mühe wert. Gegenstand der Philosophie sind vielmehr die für unser Selbst- und Weltverständnis *wesentlichen* Grundbegriffe. Das sind solche Begriffe, ohne die wir uns als die rationalen Lebewesen, die wir sind, nicht angemessen verstehen könnten. Man kann deshalb auch kurz sagen: *Die Philosophie ist eine reflexive Wissenschaft, der es um eine Klärung der für unser Selbst- und Weltverständnis wesentlichen Grundbegriffe geht*. Lernen wir in der Philosophie in gewisser Weise somit etwas besser verstehen, was wir vorher in bestimmtem Sinne schon wussten, so ist das philosophische Nachdenken dennoch kein Nullsummenspiel: Philosophie lässt uns das, was wir in gewisser Weise vorher schon wussten, besser und häufig auch anders verstehen. Noch ein anderer Unterschied ist für die Philosophie im Kontrast zu den genannten Wissenschaften kennzeichnend. Er lässt sich ausgehend von der Bemerkung, dass die Philosophie wesentlich ein Nachdenken ist, verständlich machen: Die Philosophie verfolgt eine andere Methode als Wissenschaften wie die Musikwissenschaft, die Soziologie oder die Geschichtswissenschaft, aber auch als Wissenschaften wie die Biologie und die

Physik. Denn sie geht nicht empirisch vor; ihre Methode besteht weder in klassischen Experimenten oder statistischen Erhebungen noch in der Herausarbeitung historischer Geschehnisse aus dem Studium von Quellen. Sie besteht vielmehr in einer – in einem weiten Sinne verstandenen – Begriffsanalyse, und ihr Verfahren zur Klärung des Gehalts von Begriffen ist die – ebenfalls in einem weiten Sinne verstandene – Argumentation. Ergänzt man die vorangehenden Charakterisierungen um diese Charakterisierung, so kann man sagen, dass die Philosophie *eine allgemeine, reflexive und nichtempirische Disziplin* ist. Die Philosophie ist dabei nicht nur eine *allgemeine* Disziplin, weil ihre Fragen allgemeiner Art sind. Auch ihre Antworten sind dem Anspruch nach allgemein. Denn eine philosophische Antwort auf eine philosophische Frage ist nicht bloß meine Antwort, sondern ich beanspruche, dass sie auch die Antwort eines jeden anderen sein sollte. Hier geht es nicht darum, dass man dem anderen seine Meinung in den Mund legen möchte; es geht vielmehr darum, dass es in der Philosophie nicht um Meinungen, sondern um Wahrheit geht. Meinungsverschiedenheiten in der Philosophie sind in diesem Sinne als philosophische Meinungsverschiedenheiten gerade ein gemeinsames Ringen darum, welche Antwort Allgemeinheit beanspruchen kann. Die Philosophie ist eine *nichtempirische* Disziplin nicht in dem Sinne, dass sie nur über Gegenstände, die nicht empirisch wären, nachdenkt. Die Charakterisierung betrifft nicht den Inhalt, sondern die Methode. Zu sagen, dass die Philosophie eine argumentativ betriebene Begriffsanalyse darstellt, sagt somit nur etwas über die Art und Weise aus, wie sie ihren jeweiligen Gegenstand behandelt, nicht aber über den Gegenstand selbst. Es ist also nicht so, dass aus der Tatsache, dass die Methode der Philosophie nichtempirisch ist, folgen würde, dass sie nicht über in bestimmter Weise als empirisch zu qualifizierende Gegenstände sprechen könnte.

Versteht man die Philosophie als allgemeine, reflexive und nichtempirische Wissenschaft, so drängt sich umgehend die folgende Frage auf: In welchem Sinne ist der Jazz ein *interessanter* Gegenstand für die Philosophie? Denn Jazz gehört ja nicht in eine Reihe mit Begriffen wie Erkennen und Handeln, von denen sich unstrittig sagen lässt, dass sie grundlegende Dimensionen des menschlichen Standes in der Welt bezeichnen. Man kann in der Tat sagen, dass eine Philosophie des Jazz anders als die Erkenntnistheorie oder die philosophische Handlungstheorie einer Begründung bedarf. Dieses Buch stellt sozusagen als Ganzes eine Begründung dar, warum der Jazz ein interessanter Gegenstand für die Philosophie ist. Vorgreifend lässt sich zunächst fragen, in welchem Bereich der Philosophie der Jazz als ein interessanter Gegenstand qualifiziert werden kann. Jazz ist in diesem Sinne für die Philosophie an erster Stelle als eine *spezifisch künstlerische Musik* relevant. Auch wenn der Jazz unter ethischer, handlungstheoretischer, politischer und ontologischer Perspektive interessant sein dürfte, wird im Folgenden doch vor allem versucht, ihn aus musikphilosophischer und kunstphilosophischer Perspektive zu diskutieren. Das deshalb, weil musikphilosophische und kunstphilosophische Fragen solche Fragen sind, die klarerweise etwas mit dem Jazz *als* Jazz zu tun haben. Sie nutzen ihn anders als möglicherweise ethische, handlungstheoretische, politische und ontologische Perspektiven nicht bloß als Illustrationen oder Symptome für Thesen, die sich unabhängig vom Jazz entwickeln lassen. Ich will damit keineswegs sagen, dass alle derartigen Perspektiven den Jazz gewissermaßen von außen beschreiben – und ich werde im Verlauf des Buches auch auf einige von ihnen zu sprechen kommen. Aber es scheint doch klar, dass wir Jazz zunächst als Musik klassifizieren würden und geneigt wären, ihn als eine spezifische Art künstlerischer Musik zu begreifen, so dass eine Philosophie des Jazz hier zumindest einen guten Ausgangspunkt nehmen kann. Aus diesen Bemerkungen ergibt sich zugleich eine Anforderung für philosophische Überlegungen mit Blick auf den Jazz: *Eine Philosophie des Jazz muss die philosophische Signifikanz einer derartigen Musik in einer Weise herausarbeiten, die sie nicht auf eine bloße Illustration für von ihr gänzlich unabhängige Thesen reduziert.* Kommen philosophische Überlegungen dieser Anforderung nicht nach, so mögen sie zwar in ertragreicher Weise ihre Thesen am Jazz verdeutlichen. Es handelt sich dann aber nicht um Überlegungen, die einen Beitrag zu einer Philosophie des Jazz darstellen würden.

Was heißt es nun, den Jazz im Rahmen von Fragestellungen der Musikphilosophie und der Kunstphilosophie zu diskutieren? Die Philosophie der Musik wird zumeist als Teilbereich der Kunstphilosophie betrieben. Ich sage hier zumeist, denn das ist nicht notwendigerweise so – Fragen der Kunstphilosophie und solche der Musikphilosophie liegen nämlich in dem Sinne quer zueinander, dass sie zwar Schnittstellen aufweisen, aber keineswegs miteinander identisch sind –, auch wenn faktisch ein Großteil der musikphilosophischen Diskussionen im Bereich der Kunstphilosophie geführt wird. Dass beide Fragenkomplexe nicht identisch miteinander sind, heißt Folgendes: Die Kunstphilosophie interessiert sich nur insofern für Musik, als es sich bei ihr um künstlerische Musik handelt. Natürlich ist es so, dass es im Regelfall notwendig ist, grundsätzlich über Musik nachzudenken, wenn man das, was künstlerische Musik ist, genauer bestimmen möchte. Aber dennoch lässt sich die Frage, was Musik ist, sinnvoll von der Frage, was künstlerische Musik ist, unterscheiden. Auch wenn man sich immer streiten kann, ob ein einzelnes Werk oder eine einzelne Performance der Musik als künstlerische Musik qualifiziert werden sollte oder nicht: Musik, die im Kaufhaus oder im Fahrstuhl läuft oder beim Warten in einer Telefonhotline, würden wir im Regelfall schon allein aufgrund der hier vorherrschenden Gebrauchsweisen nicht als künstlerische Musik qualifizieren. Ebenso wären wir wahrscheinlich geneigt, nicht jeden Popsong schon aufgrund des häufig zweifelsohne großen Knowhows der Komponisten, Instrumentalisten und Tontechniker als künstlerische Musik zu qualifizieren, so wie wir auch nicht jede Performance einer Top-40-Coverband derart qualifizieren würden. Es geht bei dieser Bemerkung nicht darum, bestimmte Arten von Musik aus dem Kanon der Kunst auszuschließen; es geht also nicht darum, ein inhaltlich konservatives Verständnis dessen, was künstlerische Musik sei, zu verteidigen. Denn es geht hier gar nicht um eine inhaltliche Entscheidung. Es geht allein darum, dass wir, wie auch immer wir im Einzelfall argumentieren würden, den *Unterschied* zwischen künstlerischer Musik und Musik, die keinen künstlerischen Anspruch erhebt, grundsätzlich verstehen. Kurz gesagt: *Es gibt Musik, die keine Kunst ist, so dass kunstphilosophische Fragen nur einen Teilbereich musikphilosophischer Fragen ausmachen.* Und umgekehrt gilt: *Es gibt auch Kunst, die keine Musik ist, so dass musikphilosophische Fragen nur einen Teilbereich kunstphilosophischer Fragen ausmachen.* Denn es ist ja offensichtlich, dass sich die Kunstphilosophie nicht bloß mit Musik, sondern auch mit Malerei, Literatur, Film, Tanz, Fotografie und vielem mehr beschäftigt. Deshalb kann man sagen, dass Musikphilosophie und Kunstphilosophie nicht deckungsgleich sind.

Die Kunstphilosophie beschäftigt sich offensichtlich mit der Frage, was Kunst ist. Sie kommt dabei auf spezifischere Fragen zu sprechen, wie etwa die Frage, wie und ob sich Kunst definieren lässt, welchen Wert Kunst hat und wie Spezifika und Modi des künstlerischen Ausdrucks zu charakterisieren sind. Notwendigerweise führt sie zu einer Beschäftigung mit einzelnen Werken und Künsten. Denn Kunst gibt es ja nicht unabhängig von der Existenz einzelner Objekte und Ereignisse wie Romane, Filme, Fotografien, Gemälde, Skulpturen, Installationen, Tänze und eben musikalischer Performances. Anders gesagt: Kunst ist gewissermaßen *nichts anderes* als diese Objekte und Ereignisse, denn es gibt nicht *neben* diesen Objekten und Ereignissen noch etwas anderes, was eigentlich Kunst genannt werden müsste. Mit Blick auf die einzelnen Künste kehren die definitionstheoretischen Fragen ebenso wieder wie die Fragen nach dem Wert. Kann man Musik definieren und sauber etwa von der Literatur, dem Film, der Fotografie und der Malerei abgrenzen?[2] Die Frage kann man in einer Weise, bei der explizit auf den Wert der Musik Bezug genommen wird, auch so stellen: Gibt es etwas, was nur musikalische Performances ausdrücken können und die Objekte und Ereignisse anderer Künste nicht? Und gibt es dabei so etwas wie Kriterien der Gelungenheit musikalischer Performances – und wenn ja, sind diese spezifisch für Musik oder für Kunst überhaupt, oder sind sie vielleicht nur spezifisch für ganz bestimmte Arten von Musik? Um die Sache weiter zu verkomplizieren: Wie verhalten sich dabei derartige Kriterien der Gelungenheit zu den einzelnen musikalischen Performances – gibt es sie gewissermaßen als Messlatte vor den einzelnen Performances, oder muss dieses Verhältnis anders gedacht werden? Es kann nicht Anspruch des vorliegenden Buches sein, alle derartigen Fragen zu beantworten oder auch nur die meisten hinreichend zu behandeln. Viele dieser Fragen werden aber im Verlauf der Argumentation auf die eine oder andere Weise zur Sprache kommen. Sie verdeutli-

2 Man könnte den Eindruck gewinnen, dass diese Frage vielleicht einfacher zu beantworten ist, als sie es tatsächlich ist, indem man auf die Unterschiedlichkeit der Materialien, die den einzelnen Künsten zugrunde liegen, verweist. Diese Antwort funktioniert aber allein schon deshalb nicht, weil es Künste gibt, die sich unterschiedlicher Materialien bedienen, ohne deshalb einfach eine Mischung aus anderen Künsten zu sein. Sie funktioniert auch deshalb nicht, weil das Material jeder Kunst historisch in Bewegung ist, keineswegs vorgängig mit festen Bedeutungs- und Ausdrucksmöglichkeiten ausgestattet ist und zudem in vielfältigen Beziehungen zu den Materialien anderer Künste steht. Vgl. dazu ausführlicher Daniel M. Feige, *Kunst als Selbstverständigung*, Münster 2012, Kapitel 3.

chen in jedem Fall, dass musikphilosophische Fragen mit Blick auf die Aufgabe, den Jazz als eine spezifische Art künstlerischer Musik verständlich zu machen, auf vielfältige Weise mit kunstphilosophischen Fragen auch dann amalgamiert sind, wenn beide Arten von Fragen begrifflich getrennt werden können. Mit Blick auf die Frage, wie sich Jazz zu anderen Arten von Musik verhält, sind bereits an dieser Stelle weiter gehende Überlegungen vonnöten. Denn sie bilden einen wesentlichen Ausgangspunkt für die Struktur des vorliegenden Buches.

Jazz wird gemeinhin als eine Form künstlerischer Musik verstanden, bei der die Performance im Sinne eines konkreten einzelnen raumzeitlichen Ereignisses in besonderer Weise im Zentrum der ästhetischen Wertschätzung steht. Damit ist natürlich nicht gemeint, dass bei Klavierkonzerten oder Symphonien in der Tradition der europäischen Kunstmusik die Performance unwichtig wäre und demgegenüber die Partitur der eigentliche Gegenstand der ästhetischen Wertschätzung wäre. Es ist vielmehr damit gemeint, dass Jazzperformances in besonders intimer Weise an den Moment ihres Vollzugs gebunden sind. Dieser Gedanke folgt nicht zuletzt aus der Feststellung, dass im Rahmen der meisten Jazzperformances mehr oder weniger ausgiebig improvisiert wird. Und Improvisation kann man nicht als Improvisation verstehen, wenn man nicht ihren besonderen Bezug zum Moment ihres Vollzugs erkennt. Jazz wird in einer derartigen Erläuterung somit *kontrastiv* zur Dominanz des Konzepts des musikalischen Werks verstanden, das für die europäische Kunstmusik spätestens seit Beginn des 19. Jahrhunderts grundsätzlich bestimmend war. Ich möchte aus dieser Beobachtung eine wichtige systematische Konsequenz ziehen: *Man kann über den Jazz nicht nachdenken, ohne zugleich kontrastiv über andere Arten von Musik und hier vor allem die Tradition der europäischen Kunstmusik nachzudenken*. Letztere ist deshalb ein wesentlicher Bezugspunkt für das Nachdenken über den Jazz, weil sie lange Zeit als paradigmatische künstlerische Musik überhaupt galt. Auch heute noch denken die meisten, die an künstlerische Musik denken, wahrscheinlich zunächst an musikalische Werke etwa von Johann Sebastian Bach, Wolfgang Amadeus Mozart, Ludwig van Beethoven, Gustav Mahler oder Johannes Brahms. Daran ist sicherlich auch nichts falsch. Denn bei diesen Werken handelt es sich zweifelsohne um paradigmatische Werke künstlerischer Musik. Gleichwohl ist die Situation komplizierter. Denn es zeugt von Borniertheit und vielleicht sogar Banausentum – obwohl dieser Begriff hier fast schon ironisch klingt, da er so sehr mit dem Gedanken einer Hochkultur verbunden ist –, wenn man übersieht, dass es zum Beispiel auch in der Popularmusik künstlerisch bedeutsame Musik gibt. Der Unterschied zwischen künstlerischer Musik und Musik, die keinen künstlerischen Anspruch erheben kann, scheint *quer* zu liegen zu Einteilungen wie derjenigen in die so genannte klassische Musik und Popularmusik. Eine wichtige Präzisierung ist hier vonnöten. Künstlerische Musik ist in bestimmter Weise wertvolle Musik. Der Umkehrschluss, dass Musik, die keinen künstlerischen Anspruch erhebt, deshalb wertlose Musik sei, ist gleichwohl nicht gültig. Denn etwas kann wertvolle Musik sein, *ohne* einen künstlerischen Anspruch zu erheben. Der Begriff der wertvollen Musik umfasst mehr als der Begriff der künstlerischen Musik. Denn eine Musik, die keinen künstlerischen Anspruch erhebt, kann in *anderen* Hinsichten wertvoll sein. Das ist jedoch nicht so gemeint, dass solche Musik den Mangel an künstlerischem Anspruch durch andere Vorzüge kompensiert. Es ist vielmehr so gemeint, dass Musik in *sehr verschiedenen Hinsichten* wertvoll sein kann. So kann Musik wertvoll zum Tanzen, als Hintergrundmusik oder als Soundtrack bei einer Zugfahrt durch die norddeutsche Pampa sein. In philosophietechnischer Ausdrucksweise kann man sagen, dass derartige Musik dann andere *Funktionen* erfüllt als solche, die für Kunstmusik wesentlich sind. Das schließt zweifelsohne nicht aus, dass bestimmte Musik sowohl in künstlerischen Hinsichten als auch in anderen Hinsichten als wertvoll angesehen werden kann. Man kann Bachs Fugen sicherlich auch als Hintergrundmusik beim Arbeiten hören, aber dann erfüllt diese Musik eine andere Funktion als in dem Fall, in dem man sie in konzentrierter Weise ohne Ablenkung nachvollzieht, und anderes ist dann an ihr in anderer Weise relevant. Die Frage, ob die entsprechende Musik wertvoll oder wertlos ist, ist damit immer auch eine Frage des *Gebrauchs* derartiger Musik. Weil Musik in unterschiedlicher Weise als wertvoll angesehen werden kann, werden im Alltag leider häufig Funktionen, die für künstlerische Musik charakteristisch sind, und solche, die nichts mit Kunst zu tun haben, miteinander verwechselt. Anders gesagt: Aus der Tatsache, dass man bestimmte Musik begründet für wertvoll halten kann, folgt noch nicht viel für die Frage, ob es sich bei ihr um künstlerische Musik handelt oder nicht.

Wenn im Folgenden der Jazz vor allem mit einem wesentlichen Seitenblick auf die Tradition europäischer Kunstmusik erläutert wird, so drängt sich ein naheliegender Einwand auf. Er lautet: Wird der Jazz nicht von vornherein an falschen Maßstäben gemessen, wenn er im Vergleich – und sei es auch nur in einer kontrastiven Gegenüberstellung – mit der Tradition europäischer Kunstmusik diskutiert wird? Es ist zu diesem Einwand zu bemerken, dass der Jazz tatsächlich an falschen Maßstäben gemessen würde, wenn es so wäre, dass er an den Maßstäben, die für die Darbietung bestimmter Werke in der Tradition europäischer Kunstmusik gelten, gemessen würde. Kurt Ellings, Bobby McFerrins und Al Jarreaus Gesang ist gemessen an dem, was es heißt, ein Werk aus Schuberts Liederzyklus *Die Winterreise* in überzeugender Weise zu singen, wahrscheinlich kein guter Gesang. In einem derartigen Fall wird einfach ein Maßstab der Evaluation, also der Bewertung, der mit bestimmten Arten von Musik verbunden ist, auf eine Art von Musik übertragen, für die er keine Gültigkeit hat. Dieser Einwand lässt sich aber nicht gegen den Versuch geltend machen, Jazz *kontrastiv* zur Tradition europäischer Kunstmusik zu erläutern. Gegen diesen Einwand lassen sich selbst drei Einwände erheben; zwei schwächere Einwände und ein stärkerer Einwand. Zunächst die beiden schwächeren Einwände. Erstens (i) gibt es bestimmte Dimensionen der Wertschätzung, die für die Darbietung von Werken der Tradition europäischer Kunstmusik relevant sind und auch für die Wertschätzung von vielen Jazzperformances eine Rolle spielen. Die Einheit und Stimmigkeit eines Solos, die immanente Logizität einer harmonischen Folge und selbst die pure Schönheit des Klangs können auch an vielen Jazzsoli positiv wertgeschätzt werden. Wollte man das bestreiten, so würde man sich auf eine problematische These festlegen. Sie würde besagen, dass *alle* Aspekte der Wertschätzung einer Art von Musik nur mit Blick auf *diese* Art von Musik Geltung hätten und dass nicht *einige* Aspekte der Wertschätzung dieser Art von Musik auch für *andere* Arten von Musik gelten würden. Zweitens (ii) spricht gegen die Auffassung, dass man Jazz ohne jeden Rekurs auf Dimensionen der Werke der Tradition europäischer Kunstmusik beschreiben sollte, dass er sich der europäischen Melodik und Harmonik ebenso bedient, wie für ihn viele Instrumente wesentlich sind, die aus dieser Tradition stammen. Zwar kann aus der Genese einer Kunst ihre spätere Entwicklung nicht abgeleitet werden. Aber nicht nur in seiner Genese, sondern auch in der Gegenwart weist der Jazz in vielen Fällen derartige Aspekte auf. Das gilt selbst noch für jüngste Entwicklungen im Jazz und der Neuen Musik. Zudem hat sich mit dem so genannten »Third Stream« eine musikalische Richtung entwickelt, die mit ihren Werken und Performances die herkömmlichen Grenzen zwischen Jazz und europäischer Kunstmusik aufzuheben trachtet; unter ihren Vertretern sind meines Erachtens vor allem die Arbeiten Anthony Braxtons als paradigmatisch hervorzuheben. Aber auch viele Musiker, die sich nicht explizit der Agenda des »Third Stream« anschließen, sind in ihrem künstlerischen Schaffen so zu beschreiben, dass sie die Grenzen zwischen europäischer Kunstmusik und Jazz in produktiver Weise aufheben; man denke etwa an die Arbeiten des amerikanischen Saxophonisten und Komponisten John Zorn, die nur unzureichend beschrieben sind, wenn man sie als Kombination von Jazz und Neuer Musik charakterisiert. Auch wenn die Agenda des »Third Stream« keineswegs generalisiert werden kann – ein puristischer theoretischer Zugriff ist bereits empirisch wenig naheliegend. Der stärkere Einwand (iii) ist gleichwohl ein anderer: Das eigentliche Argument lautet, dass es sich beim Jazz und den Werken der Tradition europäischer Kunstmusik trotz aller Unterschiede um *Musik* handelt.[3] Jazz und die Werke der Tradition europäischer Kunstmusik können in ihrem Verhältnis nicht so verstanden werden, dass sie nichts miteinander zu tun hätten, so wie das Brutverhalten der einheimischen Amsel mit der politischen Revolution in Ägypten sicherlich nichts zu tun hat. Vielmehr gehört der Jazz zusammen mit den Werken der Tradition europäischer Kunstmusik zur Musik. Wie genau das Verhältnis der Musik zu den unter sie fallenden Unterklassen in Form etwa von Jazz, europäischer Kunstmusik und Popularmusik zu erläutern ist, muss an dieser Stelle erst einmal of-

3 In diesem Sinne hat Stephen Davies mit Blick auf die Rockmusik überzeugend dafür argumentiert, dass man aus der Existenz unterschiedlicher musikalischer Stile und Gattungen nicht die Konsequenz ziehen sollte, jede dieser Gattungen und Stile bedürfe einer eigenen Musikästhetik derart, dass man sie ohne substanziellen Seitenblick auf andere Arten von Musik betreiben könne. Vgl. Stephen Davies, »Rock versus Classical Music«, in: Peter Lamarque, Stein H. Olsen (Hg.), *Aesthetics and the Philosophy of Art. The Analytical Tradition. An Anthology*, Oxford, Malden/Ma. u.a. 2004, S. 505-516. Vgl. in diesem Sinne auch Philip Alperson, »On Musical Improvisation«, in: *The Journal of Aesthetics and Art Criticism* 1 (1984), S. 17-29.

fenbleiben. Festzuhalten ist allein: Der Gedanke, die Beschreibung einer Art von Musik wäre schon dadurch verfälscht, dass man sie kontrastiv zu anderen Arten von Musik beschreibt, ist kein verständlicher Gedanke.

Mit der Vorbemerkung, dass Jazz im Folgenden kontrastiv vor allem zu Werken der Tradition europäischer Kunstmusik diskutiert werden soll, ist zunächst nur eine *methodologische* Entscheidung gefallen. Es ist damit noch keine genauere *inhaltliche* Bestimmung getroffen. Daher stellt sich die Frage, was genau hinsichtlich des Jazz und der Tradition europäischer Kunstmusik einander kontrastiv gegenübergestellt werden soll. Diese Frage stellt sich nicht allein deshalb, weil keine kontrastive Gegenüberstellung unschuldig ist: Je nach der Art und Weise, wie etwas beschrieben wird und welche Eigenschaften und Relationen als relevante herausgegriffen werden, zeigen sich andere Kontraste und Gemeinsamkeiten.[4] Sie stellt sich auch und vor allem deshalb, weil das Ziel nicht *irgendeine* Kontrastierung, sondern eine *informative* Kontrastierung sein muss. Inwieweit eine Kontrastierung informativ ist, zeigt sich vor allem daran, ob es ihr gelingt, Dimensionen der in Frage stehenden Musik herauszugreifen und verständlich zu machen, die wir als zentral kennzeichnen würden. Man kann auch sagen: Es zeigt sich daran, inwieweit die jeweilige Charakterisierung tatsächlich die Praxis beschreibt, die sie zu beschreiben vorgibt, und sich nicht einfach die Praxis so zurechtlegt, dass sie zur Beschreibung passt. Von Informativität zu sprechen und davon zu sprechen, dass in der Beschreibung unsere Praxis als *unsere* Praxis erkennbar sein muss, heißt jedoch nicht notwendig, eine Definition einer Praxis vorzunehmen. Eine Praxis angemessen zu beschreiben kann zwar *manchmal* durchaus heißen, eine Definition dieser Praxis zu geben. Das muss es allerdings nicht in jedem Fall heißen. Unter Definition ist zu verstehen, dass man Bedingungen angibt, die diese Praxis und allein diese Praxis aus allen anderen Arten von Praktiken herausgreifen und sie damit von diesen eindeutig zu unterscheiden erlauben.[5] Die genannten Bedingungen sind alle jeweils *notwendig*,

4 Man kann diesen Gedanken auch so formulieren, dass man festhält, dass nichts etwas anderem in unschuldiger Weise ähnlich sein kann. Vgl. in diesem Sinne Nelson Goodman, *Sprachen der Kunst. Entwurf einer Symboltheorie*, Frankfurt/M. 1997, Kapitel 1.

5 Vgl. zu diesem Begriff der Definition und zu dessen Problemen mit Blick auf

zusammen sind sie, wenn sie die Praxis als die Praxis, die sie ist, definieren, *hinreichend.* Sind sie nur notwendig, so ist die Definition *zu inklusiv.* Die entsprechende Definition ist dann keine Definition der in Frage stehenden Praxis, sondern unter sie fallen dann auch andere Praktiken. Kunst als Ausdruck von Kreativität zu definieren ist in diesem Sinne zu inklusiv, da selbst dann, wenn Kreativität ein zentrales Kennzeichen von Kunst sein sollte, es kein Kennzeichen ist, das Kunst von Schachspielen oder dem Aufstellen wissenschaftlicher Hypothesen unterscheidet. *Zu exklusiv* ist die Definition hingegen, wenn sie nur eine bestimmte Unterklasse der Tätigkeiten, die die Praxis meint, definiert, aber nicht die Praxis als solche. Kunst als Ausdruck von Emotionen zu definieren ist in diesem Sinne zu exklusiv. Denn auch wenn es künstlerische Objekte und Ereignisse gibt, die Emotionen ausdrücken, gilt das sicher nicht für alle künstlerischen Objekte und Ereignisse. Zu diesen gehören auch die Werke Marcel Duchamps und Joseph Kosuths, von denen wir sicher nicht durchweg und wohl auch nicht vornehmlich sagen können, sie drückten Emotionen aus. Die These, dass Kunst Emotionen ausdrücke, ist dabei nicht nur zu exklusiv, sondern auch zu inklusiv, denn vieles andere drückt offensichtlich auch Emotionen aus. Ist eine Definition zu inklusiv oder zu exklusiv, so ist sie eben gar keine Definition der in Frage stehenden Praxis: Sie ist *stipulativ,* und das heißt, dass sie nicht unsere Praxis beschreibt, sondern in Wahrheit eine andere Praxis definiert, die nicht unsere Praxis ist. Aber nicht immer sind derartige Definitionen von Praktiken im Sinne jeweils notwendiger und zusammen hinreichender Bedingungen möglich oder auch nur wünschenswert.[6] Ob eine Definition möglich oder auch nur wünschenswert ist, hängt davon ab, welche *Art von Praxis* beschrieben werden soll. Man kann mit Blick auf den Jazz aber auch auf die Kunst als solche skeptisch sein, ob eine Definition im vorgestellten Sinne möglich oder auch nur wünschenswert ist. Die Frage, was eine informative Kontrastierung ist, lässt sich mit Blick auf das bislang Festgehaltene nur vorläufig beantworten. Mit anderen Worten: Erst anhand der Darstellung

kunsttheoretische Fragen auch Noël Carroll, *Philosophy of Art. A Contemporary Introduction*, London, New York 1999, S. 206 ff. Karlheinz Lüdeking, *Analytische Philosophie der Kunst*, Frankfurt/M. 1988, S. 11 ff.

6 Vgl. in diesem Sinne Ludwig Wittgenstein, *Philosophische Untersuchungen*, Frankfurt/M. 2003, S. 56 ff.

und Argumentation im Detail kann sich zeigen, ob hier tatsächlich *unsere* Praxis beschrieben wird oder einfach eine Praxis konstruiert wird, die *nicht länger als unsere* erkennbar ist. Eine vorgreifende Antwort kann zunächst nicht mehr als Plausibilität beanspruchen. Plausibel ist sie dann, wenn sie solche kontrastiven Dimensionen benennt, die von uns relativ eindeutig als wesentlich für die Beschreibung und Wertschätzung der in Frage stehenden Kunstpraxis identifizierbar sind. Diese Dimensionen müssen sich, kurz gesagt, mit unseren *Vorverständnissen* treffen.[7] Solche Dimensionen möchte ich nun kurz benennen. Sie kennzeichnen zugleich den Aufbau des vorliegenden Buches, insofern jedes Kapitel von einem wesentlichen Grundkontrast getragen ist. Warum ich zu ihrer Charakterisierung den visuellen Ausdruck des Kontrasts benutze und nicht einfach von Unterscheidungen spreche, die die betreffenden Begriffe jeweils auch sind, wird sich sogleich zeigen, aber erst im Verlaufe der jeweiligen Diskussion argumentativ begründet werden können: Die jeweils markierten Unterschiede sind keineswegs derart strikt zu verstehen, wie sie es zunächst zu sein scheinen. Im Folgenden stelle ich kurz diese Grundkontraste vor und skizziere auch, welches die damit verbundenen Fragen und Thesen der jeweiligen Kapitel sind.

Ich habe bereits darauf hingewiesen, dass für den Jazz anders als für die Tradition der europäischen Kunstmusik Improvisation von zentraler Bedeutung ist. Werden in der Tradition der europäischen Kunstmusik musikalische Werke aufgeführt, werden im Jazz Improvisationen präsentiert. Mit Blick auf die Tatsache, dass das Aufkommen des Werkparadigmas Ende des 18. Jahrhunderts zu einer Reformulierung des Begriffs der Komposition geführt hat, kann man auch sagen: Im Jazz wird improvisiert, in der Tradition der europäischen Kunstmusik wird komponiert. Als erster naheliegender Kontrast ergibt sich somit der Kontrast zwischen *Improvisation und Komposition als Charakteristika des Jazz und der Tradition europäischer Kunstmusik*. Eine Diskussion dieses Kontrasts bildet das folgende zweite Kapitel dieses Buches. Ich möchte in diesem Kapitel die definitionstheoretischen Fragen, die ich eben angerissen habe, weiterführen und fragen, inwieweit und in wel-

7 Vgl. zum Begriff des Vorverständnisses Hans-Georg Gadamer, *Wahrheit und Methode. Grundzüge einer philosophischen Hermeneutik*, Tübingen 1990, S. 270ff.

cher Hinsicht es so ist, dass Improvisation und Komposition Charakteristika des Jazz und der Tradition europäischer Kunstmusik sind. Mit anderen Worten: Es geht mir in diesem Kapitel zunächst darum, überhaupt erst einmal zu klären, über welche Art von Musik man redet, wenn man vom Jazz oder der Tradition europäischer Kunstmusik spricht beziehungsweise was für diese Musik jeweils wesentlich ist. Als Ergebnis wird sich herausstellen, dass es keineswegs so ist, dass Improvisation exklusiv im Jazz vorkommen würde, wohingegen Komposition exklusiv in der Tradition europäischer Kunstmusik vorkommen würde. Nicht nur das: *Improvisation ist zwar ein wesentliches Merkmal des Jazz, aber kein definitorisches, wie auch Komposition ein wesentliches, aber kein definitorisches Merkmal der Tradition der europäischen Kunstmusik ist.* Man kann Jazz nicht über Improvisation definieren, wie man die Tradition der europäischen Kunstmusik nicht über Komposition definieren kann. Ich hoffe in dieser Weise ein differenziertes Bild beider Arten von Musik zu zeichnen und sie gegen voreilige Vereinfachungen in Schutz zu nehmen, die Ungleiches in problematischer Weise über einen Kamm scheren. Ob und wie der Kontrast zwischen Improvisation und Komposition hinsichtlich der Unterscheidung von Jazz und europäischer Kunstmusik dennoch verständlich gemacht werden kann – das ist die zentrale Frage des zweiten Kapitels.

Sind die definitionstheoretischen Fragen im zweiten Kapitel geklärt worden, geht es im dritten Kapitel mit Blick auf die philosophische Relevanz des Jazz sozusagen ans Eingemachte: Im Rahmen des Kontrasts zwischen *improvisierten Performances und Performances, die Darbietungen von Werken sind*, soll geklärt werden, wie das Verhältnis von Werk und Improvisation genauer zu qualifizieren ist. Man könnte zunächst geneigt sein, das Werkparadigma für den Ausgangspunkt auch der meisten Improvisationen im Jazz zu halten. Schließlich besteht ein wesentlicher Aspekt der Jazzpraxis in der Aneignung und Fortentwicklung eines aus der Tradition überkommenen Kanons von so genannten Standards, die zumindest auf den ersten Blick so aussehen, als handelte es sich hier in irgendeiner Form um Werke. Standards bilden den beweglichen musikalischen Kanon des Jazz, der sich aus Stücken, die Broadway-Shows entstammen, aus etablierten Popsongs, bekannten Chansons, einschlägigen Stücken bekannter Jazzmusiker und vielem anderen zusammensetzt. Ich werde zeigen, dass der Eindruck, es handele sich dabei um Werke, trügt: Standards sind keine Werke, da das, was für sie jeweils konstitutive und kontingente Eigenschaften sind, von und in der jeweiligen Improvisation selbst ausgehandelt wird. Es gibt also keinen vorgängigen Plan und keine vorgängige Festlegung, was es heißt, den entsprechenden Standard als den Standard zu spielen, der er ist. Die leitende Idee des dritten Kapitels lautet nun: Die anhand des Spielens von Standards ausgewiesene Logik gilt in bestimmter Weise auch für das Spielen von Werken in der Tradition europäischer Kunstmusik. Der verbreitete Gedanke, dass Werke irgendwie überzeitliche und von ihren Darbietungen unabhängige Gegenstände wären, erweist sich somit als problematisch. Gleichwohl ist das Darbieten eines Werks nicht dasselbe wie das Improvisieren. Der Unterschied ist aber ein Unterschied, der in der Form und nicht im Inhalt der musikalischen Praxis besteht: Im Jazz wird die offene und dynamische Logik der Verkettung unterschiedlicher Performances explizit, während sie in der Tradition europäischer Kunstmusik seit der Erfindung des Werkparadigmas implizit ist. Kurz gesagt: *Was im Jazz explizit ist, ist in der Tradition europäischer Kunstmusik implizit.* Die Verkettung von Performances im Jazz und von solchen in der Tradition europäischer Kunstmusik ist identisch, aber im Jazz kommt ihre Logik in offener Weise zum Ausdruck, während das in der Tradition europäischer Kunstmusik nicht der Fall ist; und es gehört wesentlich zum Werkparadigma, dass das nicht der Fall ist. Darin liegt nicht einfach eine Täuschung – denn dieses Verständnis ist insofern produktiv, als es vielfältige Effekte und einen bestimmten Konnex zwischen Komponist, Interpret und Performance stiftet. Beschreibt man die Situation in dieser Weise, so wird es möglich, zu sagen, dass das Spielen von Werken und das Improvisieren nicht kategorial getrennt sind, es aber einen Unterschied im Hinblick darauf gibt, ob die zugrundeliegende Logik explizit oder implizit ist.

Improvisationen antworten in mehr oder weniger expliziter Weise aufeinander, wie Darbietungen von Werken in vielfältigen Beziehungen zueinander stehen. Sie stehen, kurz gesagt, in bestimmten Traditionen. Traditionale Zusammenhänge sind wesentlich als ein Moment des Kollektiven in der Musik zu erläutern. Gerade im Jazz scheint aber die einzelne musikalische Persönlichkeit in besonders markanter Weise im Zentrum zu stehen. Sehr schematisch gesprochen: Häufig wird der Jazz als eine Form des direkten Ausdrucks der jeweiligen Musiker verstanden, wohingegen sich die Stimme des einzelnen Musikers in der Tradition europäischer Kunstmusik im Namen des Werks zurückzunehmen scheint. Im Rahmen des Kontrasts zwischen *der Rolle individueller und kollektiver Aspekte in der musikalischen Praxis* geht das vierte Kapitel somit der Frage nach, wie kollektive und individuelle künstlerische Leistungen mit Blick auf Jazz und die Tradition europäischer Kunstmusik genauer in ein Verhältnis zu setzen sind. Der leitende Gedanke des Kapitels ist es, dass das Individuelle und das Kollektive in falscher Weise konzipiert werden, wenn man sie als sich widersprechende Gegensätze auffasst. Anders gesagt: Es gibt kein Handeln in der Musik, das nicht zugleich die Verkörperung einer Tradition wäre, was aber gerade nicht heißt, dass dadurch das Individuum verschwinden würde. Künstlerisches Handeln als verkörperte Tradition zu begreifen lässt sich ausgehend von einer Analyse wesentlicher Aspekte der Jazzpraxis noch genauer fassen: *Ein derartiges Handeln gewinnt im Jazz einen interaktiven Charakter und stellt immer eine Form musikalischen Gesprächs dar.* Wie in der Argumentation des dritten Kapitels geht es mir auch hier darum, festzuhalten, dass derartige Momente als konstitutive Aspekte auch der Tradition europäischer Kunstmusik zu begreifen sind, die dort allerdings anders als im Jazz wiederum implizit bleiben.

Wie die vorgreifende Skizze zeigt, entwickelt der Aufbau dieses Buches einen bestimmten Zusammenhang der leitenden Kontraste. Man kann ihn grob so beschreiben, dass bei speziellen Fragen begonnen wird und im Verlauf der Kapitel dann Fragen von größerer Allgemeinheit adressiert werden. Die Diskussion dieser Kontraste beginnt bei konkreten musikphilosophischen Fragen und führt zu allgemeineren kunstphilosophischen Fragen, die dabei mit Fragen einer Philosophie des Sozialen und einer Philosophie der Geschichte verbunden sind. Im fünften Kapitel, dem Schlusskapitel, komme ich mit Blick auf die in den Kapiteln zwei bis vier geleistete Explikation auf die bereits skizzierte Frage nach der *philosophischen Relevanz des Jazz* noch einmal zurück. Ich werde die Argumentation aber nicht einfach resümieren, sondern den Grundgedanken, dass das, was in der Tradition europäischer Kunstmusik implizit bleibt, im Jazz explizit wird, noch einmal in allgemeinerer Weise weiterführen. Wenn man sagt, dass etwas im Jazz explizit wird, was in der Tradition europäischer Kunstmusik implizit bleibt – lässt sich dann diese These über eine kontrastive Gegenüberstellung von Jazz und der Tradition europäischer Kunstmusik hinaus vielleicht sogar generalisieren? Anders gesagt: Lässt sich die anhand des Jazz ausgewiesene Logik vielleicht auch als Strukturmoment anderer Künste als der Musik geltend machen? Im Sinne dieser Überlegung möchte ich abschließend zumindest kurz den Versuch unternehmen, diesen Gedanken zu skizzieren: *Jazz macht nicht nur etwas explizit, was in der Tradition europäischer Kunstmusik implizit bleibt, sondern Jazz macht vielmehr etwas explizit, was für Kunst als solche wesentlich ist.*

In diesem Buch präsentiere ich die Überlegungen der Form nach so, dass sie zumindest mit Blick auf Fragen der akademischen Philosophie relativ voraussetzungslos sind. Wie bereits festgehalten, hoffe ich, dass das Buch dadurch auch für eine Leserschaft genießbar wird, die sich nicht eingehender mit der akademischen Philosophie beschäftigt hat, aber dennoch geneigt ist, sich von Gedanken über einen ihr wichtigen Gegenstand, den Jazz, anregen zu lassen. Es ist jedoch natürlich so, dass das Buch dem Inhalt nach nicht in derselben Weise voraussetzungslos ist, wie es das der Präsentation nach zu sein versucht. Es ist nämlich nicht so, dass sich das Buch nicht *faktisch* in bereits bestehenden Debatten zur Philosophie der Musik im Allgemeinen und zur Philosophie des Jazz im Speziellen verorten würde, auch wenn es das nicht immer explizit tut. Gleichwohl wäre es vielleicht nicht richtig, davon zu sprechen, dass sich die folgenden Überlegungen im Rahmen einer Philosophie des Jazz verorten. Das ist der schlichten Tatsache geschuldet, dass es zumindest im deutschsprachigen Raum bislang keine derartige Philosophie des Jazz gibt;[8] womit im Sinne der einleitenden Bemerkungen zum Verhältnis einer philosophischen Beschäftigung zu anderen wissenschaftlichen Beschäftigungen mit dem Jazz natürlich in keiner Weise die ausgezeichneten Forschungen in musikwissenschaftlichen, soziologischen, geschichtswissenschaftlichen oder anderweitigen Kontexten herabgesetzt werden sollen. Aber eine Philosophie des Jazz gibt es im deutschsprachigen Raum bislang nicht. Das vorrangige Ziel dieses Buches ist es allerdings nicht, dieses Desiderat zu beheben. Es möchte vielmehr einen Beitrag

8 Vgl. aber das jüngste Schwerpunktheft der Zeitschrift für Ästhetik und allgemeine Kunstwissenschaft: *Zeitschrift für Ästhetik und allgemeine Kunstwissenschaft* 1 (2014).

zum Verständnis eines bislang von der Kunstphilosophie eher ignorierten und gleichwohl, wie die folgenden Überlegungen zeigen werden, hochgradig interessanten wie auch wichtigen Gegenstands leisten. Wenn damit auch ein Forschungsdesiderat behoben wird – umso besser.

Es wäre sicher eine Überspitzung, wenn man die Tatsache, dass es in Deutschland bislang keine Philosophie des Jazz gibt, auf die wohl bekannteste philosophische Äußerung zum Jazz von einem der maßgeblichen deutschen Philosophen des 20. Jahrhunderts zurückführen wollte: auf Theodor W. Adornos polemische Abrechnung mit dieser Musik.[9] Zweifelsohne kann der Einfluss von Theodor W. Adornos Musikphilosophie nicht nur im deutschsprachigen Raum kaum hoch genug eingeschätzt werden. Aber seine berüchtigte Abrechnung mit dem Jazz dürfte schon lange nicht mehr vom Mainstream der deutschen Kunstphilosophie goutiert werden, wenn sie es denn jemals wurde. Aufs Ganze gesehen ist die Auskunft von Albrecht Wellmer, Verfasser der wohl wichtigsten deutschsprachigen Publikation zur Musikphilosophie der letzten Jahre und bekanntermaßen ein Schüler Theodor W. Adornos,[10] salonfähig, der zufolge Adornos polemische Perspektive auf den Jazz einer »Blickverengung in [seiner] musikalische[n] Ästhetik« insgesamt geschuldet sei.[11] Es ist nicht nur auffällig, dass Theodor W. Adorno in seinen Texten zum Jazz offensichtlich von einem ausgesprochen beschränkten Materialbestand ausgeht, sondern auch, dass schon seine Beschreibungen des Jazz nur als karikaturhaft zu bezeichnen sind: So ist Swing anhand des Begriffs der Synkope nur unzureichend zu fassen, ebenso wie es ein schlichtes Vorbeihören an guten Jazzperformances ist, wenn man ihre Improvisation als

9 Vgl. vor allem Theodor W. Adorno, »Über Jazz«, in: ders., *Musikalische Schriften IV. Moments musicaux. Impromptus*, Frankfurt/M. 1982, S. 74-108. Theodor W. Adorno, »Zeitlose Mode. Zum Jazz«, in: ders., *Prismen. Kulturkritik und Gesellschaft*, Frankfurt/M. 1955, S. 144-161. Vgl. auch die Replik von Joachim-Ernst Berendt, die freilich nicht auf der theoretischen Höhe von Adornos Einlassungen ist: Joachim Ernst Berendt, »Für und wider den Jazz«, in: *Merkur* 7 (1953), S. 887-890.

10 Vgl. Albrecht Wellmer, *Versuch über Musik und Sprache*, München 2009.

11 Albrecht Wellmer, »Über Negativität und Autonomie der Kunst. Die Aktualität von Adornos Ästhetik und blinde Flecken seiner Musikphilosophie«, in: Axel Honneth (Hg.), *Dialektik der Freiheit. Frankfurter Adorno-Konferenz 2003*, Frankfurt/M. 2005, S. 237-287, hier S. 266.

formelhaft kennzeichnet.[12] Obwohl ich im vorliegenden Buch nicht explizit auf Adornos Abrechnung mit dem Jazz eingehen werde, lässt es sich doch als Ganzes so lesen, dass es schon auf der Ebene der Beschreibung dieser Musik Adornos Charakterisierungen widerspricht. Mit Blick auf seine kunstphilosophische Position insgesamt ergeben sich daraus zwei Möglichkeiten: Stimmt man Albrecht Wellmers Bemerkung zu Adornos Musikphilosophie zu, so könnte man fragen, inwieweit Adornos Polemik gegen den Jazz nicht doch etwas mehr als ein kontingenter Unfall und Ausdruck eines strukturellen Problems seiner Theorie insgesamt ist. Es könnte aber auch sein, dass Adornos Abrechnung mit dem Jazz sich systematisch doch stärker von seinen kunstphilosophischen Thesen trennen lässt, so dass man mit Adornos ästhetischer Theorie und gegen Adornos Jazzschelte Weiterführendes zum Jazz sagen könnte.

Ich hatte festgestellt, dass es in Deutschland bislang keine Philosophie des Jazz gibt. Anders sieht die Lage in der angloamerikanischen Ästhetik aus.[13] In diesem Kontext sind nicht nur die musikphilosophischen Debatten insgesamt deutlich lebendiger, als das in Deutschland der Fall ist,[14] sondern in diesem Kontext

12 Vgl. dazu auch Lee B. Brown, »›Feeling my Way‹. Jazz Improvisation and its Vicissitudes – A Plea for Imperfection«, in: *The Journal of Aesthetics and Art Criticism* 2 (2000), S. 113-123, hier S. 115 ff. Lee B. Brown, »Adorno's Critique of Popular Culture: The Case of Jazz Music«, in: *Journal of Aesthetic Education* 1 (1992), S. 17-31.

13 Einen guten Überblick bietet das jüngst von Andrew Kania und Theodore Gracyk herausgegebene Handbuch: Andrew Kania, Theodore Gracyk (Hg.), *The Routledge Companion to Philosophy and Music*, London, New York 2011. Als Einführung in die analytisch ausgerichtete Musikphilosophie ist im deutschsprachigen Raum die Monographie von Peter Rinderle lesenswert. Vgl. Peter Rinderle, *Die Expressivität der Musik*, Paderborn 2010.

14 Das scheint sich allerdings in jüngster Zeit zu ändern. Neben dem Buch von Albrecht Wellmer ist hier der Sammelband von Alexander Becker und Matthias Vogel hervorzuheben, ebenso wie die Monographien von Christian Grüny und Gunnar Hindrichs. Vgl. Alexander Becker, Matthias Vogel (Hg.), *Musikalischer Sinn. Beiträge zu einer Philosophie der Musik*, Frankfurt/M. 2007. Christian Grüny, *Klangformen. Philosophische Konstellationen zur Musik*, Weilerswist 2014. Gunnar Hindrichs, *Die Autonomie des Klangs. Eine Philosophie der Musik*, Berlin 2013. Vgl. zur Situation der deutschen Musikphilosophie insgesamt auch die kenntnisreichen Bemerkungen von Georg Mohr in seiner Besprechung des genannten Buchs von Albrecht Wellmer: Georg Mohr, »Eine neue Philosophie der Neuen Musik – mit und nach Adorno«, in: *Deutsche Zeitschrift für Philosophie* 4 (2010), S. 647-655.

gibt es tatsächlich einen, wenn auch nicht unübersichtlich großen Diskussionszusammenhang zur Philosophie des Jazz, auf den die vorliegenden Überlegungen in unterschiedlicher Weise zurückgreifen. Bevor ich mit Blick auf meinen Gegenstand in *medias res* gehen werde, möchte ich im Rahmen dreier Bemerkungen meine Überlegungen in diesem Diskussionskontext zumindest kurz verorten. Die vorliegenden Überlegungen verorten sich mit Blick auf die angloamerikanische Musikphilosophie im Allgemeinen und Jazzphilosophie im Besonderen erstens (i) zu den dort geführten Debatten zur Ontologie musikalischer Werke und Performances in bestimmter Weise. Diese Debatten drehen sich vor allem um die Frage, auf welche Weise musikalische Werke existieren und in welche ontologische Klasse sie einzuordnen sind.[15] Ohne hier bereits detailliert Stellung zu diesen mittlerweile verzweigten Debatten beziehen zu können, ist es so, dass aus verschiedenen Gründen, die im Verlauf der Argumentation noch deutlich werden, Positionen für mich nicht plausibel sind, die musikalische Werke in irgendeiner Weise als der historischen Zeit enthobene Gegenstände ansehen. Das Buch als Ganzes positioniert sich damit in diesen Debatten in bestimmter Weise – mehr noch: Es versucht sogar den Sinn einiger in diesen Diskussionen einschlägiger Kontroversen fragwürdig werden zu lassen. Zweitens (ii) greife ich im vorliegenden Buch auf die in den angloamerikanischen Beiträgen zur Philosophie des Jazz etablierten Diskussionen zur Definition von Jazz und zur Improvisation zurück – zwei Diskussionen, die dort einen wesentlichen Orientierungspunkt für die Theoriebildung zum Jazz überhaupt darstellen.[16] Es ist aber auch bezüglich dieser Debatten so, dass ich

15 Vgl. mit Blick auf den Jazz exemplarisch etwa James O. Young, Carl Matheson, »The Metaphysics of Jazz«, in: *The Journal of Aesthetics and Art Criticism* 2 (2000), S. 125-133. Lee B. Brown, »Musical Works, Improvisation, and the Principle of Continuity«, in: *The Journal of Aesthetics and Art Criticism* 4 (1996), S. 353-369. Andrew Kania, »All Play and no Work: An Ontology of Jazz«, in: *The Journal of Aesthetics and Art Criticism* 4 (2011), S. 391-403.

16 Vgl. zur Definition von Jazz exemplarisch etwa Mark Gridley u. a., »Three Approaches to Defining Jazz«, in: *The Musical Quarterly* 4 (1989), S. 513-531. Garry L. Hagberg, »On Representing Jazz: An Art Form in Need of Understanding«, in: *Philosophy and Literature* 1 (2002), S. 188-198. Vgl. zur Improvisation etwa Garry L. Hagberg, »Jazz Improvisation: A Mimetic Art?«, in: *Revue Internationale de Philosophie* 4 (2006), S. 469-485. Sowie als mittlerweile schon klassischen Text: Philip Alperson, »On Musical Improvisation«.

tendenziell einen anders gewichteten Vorschlag unterbreiten werde: Wie in den Kapiteln zwei und drei deutlich werden wird, folge ich anders als ein Großteil der angloamerikanischen Beiträge zu einer Philosophie des Jazz unter definitionstheoretischer Perspektive einer deutlich historisch ausgerichteten Agenda, wie ich auch mit Blick auf die Improvisation ein deutlich ambitionierteres Verständnis derselben entwickele, als das in vielen angloamerikanischen Beiträgen zur Philosophie des Jazz geschieht. Eine letzte und dabei sehr spezifische (iii) explizite Verortung scheint mir abschließend noch sinnvoll zu sein. Im angloamerikanischen Kontext ist mehrfach eine Position ins Spiel gebracht worden, die das Spezifische des Jazz anhand des Etiketts einer Ästhetik der Unvollkommenheit zu bestimmen versucht hat.[17] Der damit verbundene Vorschlag besagt, dass Jazzperformances mit Blick auf formale Qualitäten zwar gegenüber dem Spielen von Werken in der Tradition europäischer Kunstmusik den Kürzeren ziehen, uns dadurch aber an unsere Unvollkommenheit als ein wesentliches Merkmal allen menschlichen Handelns erinnern. Auf ästhetischer Seite machen sie den Mangel an formalen Qualitäten durch andere Aspekte wie eine gesteigerte Wahrnehmung des Produktionsprozesses der Musik wett. Dass ich meine Überlegungen im Folgenden nicht in Auseinandersetzung mit diesem Vorschlag entwickeln und ihn stattdessen geflissentlich ignorieren werde, liegt daran, dass ich der Auffassung bin, dass es sich hier insgesamt schlicht und einfach um eine wenig überzeugende These handelt. Das ist aus mindestens drei Gründen so. Erstens lässt sich das Wohl und Wehe einer ganzen Kunstform wohl kaum an einem einzigen in derart inhaltlich spezifischer Weise ausbuchstabierten Wert festmachen. Zweitens handelt es sich, anders als man zunächst vielleicht denken könnte, hier nicht um eine kontrastive Gegenüberstellung von Jazz und der Tradition der europäischen Kunstmusik, wie sie mir vorschwebt. Es handelt sich

17 Sie ist vor allem von Ted Gioia, Lee B. Brown und Andy Hamilton vertreten worden. Vgl. Ted Gioia, *The Imperfect Art. Reflections on Jazz and Modern Culture*, New York 1988. Als kurze Formulierung der zentralen Thesen auch Ted Gioia, »The Aesthetics of Imperfection«, in: *The Hudson Review* 4 (1987), S. 585-600. Vgl. außerdem Brown, »›Feeling my Way‹. Jazz Improvisation and its Vicissitudes – A Plea for Imperfection«. Andy Hamilton, »The Art of Improvisation and the Aesthetics of Imperfection«, in: *British Journal of Aesthetics* 1 (2000), S. 168-185.

vielmehr um das Vorgehen, stillschweigend bestimmte Qualitäten bestimmter Arten musikalischer Performances in der Tradition europäischer Kunstmusik als Messlatte ästhetischer Qualität heranzuziehen, um dann eine kompensatorische Theorie des Werts von Jazzperformances zu formulieren. Drittens schließlich ist schon die mit dieser These verbundene Beschreibung von Jazzperformances nicht überzeugend:[18] Das, was von den Vertretern einer Ästhetik der Unvollkommenheit als defiziente Charakteristika ausgemacht wird, sind zumeist in Wahrheit Aspekte des spezifischen *Personalstils* der entsprechenden Musiker. Einen solchen Personalstil kann man nicht sinnvoll deshalb als unvollkommen qualifizieren, weil er sich keiner formalistischen Karikatur dessen, was es heißt, in der Tradition europäischer Kunstmusik ein Werk zu spielen, fügt.

Damit nun also in *medias res* und zur Frage, wie und ob sich ausgehend von der Unterscheidung zwischen der Komposition von Werken und der Improvisation Jazz und die Tradition europäischer Kunstmusik eindeutig abgrenzen lassen.

18 Das gilt etwa für Lee B. Browns Beschreibung eines Solos von Miles Davis über *My Funny Valentine*. Vgl. Brown, »›Feeling my Way‹. Jazz Improvisation and its Vicissitudes – A Plea for Imperfection«, S. 113. Auch folgende, in der angloamerikanischen Ästhetik vielfach zitierte Bemerkung Francis Sparshotts ist in diesem Sinne durchaus problematisch: »When the musician improvises, we make allowances for fluffs, interruptions, squawks, and all sorts of distracting concomitants that we assume to be no part of the performance.« Francis Sparshott, *The Theory of the Arts*, Princeton 1982, S. 255.

Kapitel 2
Jazz und die Tradition europäischer Kunstmusik

Beginnen wir mit einer These, die einen deutlichen Unterschied markiert: Im Jazz wird improvisiert, wohingegen in der Tradition europäischer Kunstmusik komponiert wird. So lautet zumindest ein weitverbreitetes Vorverständnis, das einen wesentlichen Unterschied zwischen Jazz und der Tradition europäischer Kunstmusik ausdrücken soll. Es ist hilfreich, die in dieser Unterscheidung investierten Begriffe zu klären. Was Improvisation ist, kann man vorläufig so charakterisieren, dass Musik *in* der Performance selbst, verstanden als das jeweilige konkrete raumzeitliche musikalische Ereignis, geschaffen wird. Das, was gespielt wird, ist nicht im Vorhinein festgelegt worden. Was Komposition ist, lässt sich demgegenüber vorläufig so erläutern, dass hier etwas geschaffen wird, wodurch Momente dessen, was in einzelnen Performances gespielt wird, bereits *vor* diesen Performances festgelegt worden sind. Sie sind vorgängig in einer Weise festgelegt worden, dass verschiedene Performances als Darbietungen eines einzigen Werks identifizierbar sind. Der Unterschied zwischen Improvisation und Komposition beträfe dann den *Prozess* des musikalischen Schaffens, wohingegen der Unterschied zwischen Performance und Werk das *Produkt* von Improvisation und Komposition kennzeichnen würde. Ersteres meint die Art der Hervorbringung, Letzteres das, was hervorgebracht worden ist. Gemäß dieser Unterscheidung gibt es also zwei unterschiedliche Arten von Performances – solche, die improvisiert sind, und solche, die Aufführungen von Werken sind.[1] Im philosophischen Fachjargon sagt man mit Blick auf den letzteren Fall, dass Werke von Performances instanziiert werden. Man kann den dahinterstehenden Gedanken dadurch erläutern, dass man Folgendes festhält: Das Verhältnis von einem

1 Ich variiere die Begriffe Aufführungen und Darbietungen hier allein aus stilistischen Gründen; damit ist kein Unterschied in der Sache markiert. Ich möchte so den etwas technischen Begriff der Instanziierung vermeiden, der zudem häufig mit einer ontologischen Agenda verbunden wird, für die ich wenig Sympathien habe. Darauf werde ich im nächsten Kapitel noch genauer eingehen.

Werk zu seiner Aufführung in und durch eine Performance ist ein anderes als das Verhältnis von Improvisation zu der Performance. Die Improvisation *ist* sozusagen nichts weiter als die Performance, so dass es dieselbe Improvisation nicht zweimal geben kann. Spielt man eine Improvisation, die auf einer Schallplatte oder CD festgehalten worden ist, Ton für Ton nach, so handelt es sich dabei nicht wiederum um eine Improvisation. Das Werk ist hingegen nicht mit einer Performance identisch, da verschiedene Performances Darbietungen desselben Werks sein können. Wie genau das Verhältnis von Performance und Werk hier zu verstehen ist und ob unser Vorverständnis es tatsächlich notwendig macht, improvisierte Performances und Performances, die Aufführungen von Werken sind, so strikt einander gegenüberzustellen, wird Gegenstand des nächsten Kapitels sein. In diesem Kapitel geht es zunächst einmal darum, zu fragen, ob und inwieweit man den Gedanken tatsächlich verständlich machen kann, dass sich Jazz und die Tradition europäischer Kunstmusik anhand der Aspekte der Improvisation und der Komposition eindeutig voneinander abgrenzen lassen. Dafür reicht es erst einmal, wenn man von diesem minimalen Vorverständnis ausgeht.

Schon die einleitende Charakterisierung, dass die Improvisation im Moment der Performance geschaffen wird, wohingegen die Komposition Aspekte von Performances im Vorhinein festlegt, ist in verschiedenen Hinsichten erläuterungsbedürftig. Zunächst muss erläutert werden, was genau es heißt, dass etwas vor der Performance durch eine Komposition festgelegt worden ist. Das zu erläutern heißt auch, genauer zu klären, was vor der Performance durch die Komposition festgelegt worden ist. Denken wir zum Beispiel an eine Klaviersonate von Ludwig van Beethoven, etwa die *Pathétique*. Es gibt hier einen Notentext, der definiert, welche Noten zu spielen sind und von welcher relativen Dauer die jeweiligen Noten, die gespielt werden, zu sein haben. Die Partitur beginnt mit einem siebenstimmigen C-Moll-Akkord, der von der Länge her eine Viertel- und eine punktierte Sechzehntelnote gehalten wird. Das abendländische Tonsystem kennt seit der Ende des 17. Jahrhunderts eingeführten temperierten Stimmung eine gleichmäßige Unterteilung der Oktave in 12 Halbtonschritte;[2] ein

2 Gesa zur Nieden hat mich auf die Komplexität und Vielschichtigkeit der Ge-

Ton, der dazwischen liegt und der auf dem Klavier anders als etwa auf Streichinstrumenten gar nicht ohne Präparation des Instruments oder eine andere Stimmung desselben gespielt werden kann, kommt hier nicht vor. Sind Tonhöherelation und Rhythmus somit eindeutig festgelegt,[3] so lässt sich dasselbe nicht für die Dynamik und das Tempo sagen.[4] Zwar finden sich auch hierzu Angaben in der Partitur. Der erste Akkord der *Pathétique* wird »Fortepiano« gespielt, das Tempo ist mit »Grave« angegeben – Letzteres hat bereits schon den Charakter einer spezifischen Interpretationsanweisung des Notentextes und ist nicht bloß eine Angabe des Tempos, wenn man dieses als bloß mechanische Angabe verstehen würde. Die Anschlagsstärke der einzelnen Töne, die Hervorhebung einzelner Noten im Akkord, die Lautstärke bestimmter Passagen und die genaue Geschwindigkeit des Stücks – diese Angaben gehen aus der Partitur nicht so eindeutig hervor wie die Angaben zur Tonhöherelation und zum Rhythmus. Ist das Spielen eines falschen Tons eindeutig als Fehler identifizierbar, so sind ein etwas leichterer Anschlag oder ein minimal schnelleres Tempo nicht so ohne weiteres als Fehler zu sehen. Über den Anschlag und das Tempo kann man nur im Zusammenhang mit der Frage diskutieren, wie das Werk von der jeweiligen Aufführung interpretiert wird. Und diese Frage ist nicht bloß eine Frage dessen, was sich eindeutig aus der Partitur als Kriterium ablesen lässt, sondern vielmehr eine Frage des *ästhetischen Gelingens*. Was eine Komposition dieser Beschreibung nach also festlegt, sind bestimmte Parameter der Musik: Einige werden eindeutig festgelegt wie die Tonhöherelation, andere wie das Tempo in weniger eindeutiger Weise. Mit dieser Unterscheidung können

schichte der Stimmung aufmerksam gemacht. Vgl. zur Geschichte der Stimmung insgesamt Günter Fleischhauer u. a. (Hg.), *Stimmungen im 17. und 18. Jahrhundert: Vielfalt oder Konfusion?*, Michaelstein 1997.

3 Frédéric Döhl hat mich dankenswerterweise nachdrücklich darauf hingewiesen, dass die absolute Tonhöhe wie das genaue Tempo historisch veränderlich sind; die Metronomangaben sind später hinzugefügt worden, wie der Kammerton trotz Vereinheitlichungsbemühungen bis heute nicht standardisiert ist und im Schnitt seit der Mozart-Zeit etwa einen Halbton angestiegen ist. Ich spreche deshalb an dieser Stelle von Tonhöherelation und nicht von Tonhöhe, auch wenn Ersteres etwas manieriert klingen mag.

4 Wie unschwer zu erkennen sein dürfte, handelt es sich hier um eine Unterscheidung, die Nelson Goodman mit den Begriffen dicht und disjunkt fassen würde. Vgl. Goodman: *Sprachen der Kunst*, v. a. Kapitel 4.

wir hier zunächst einmal arbeiten, um zu verstehen, was es heißt, dass etwas von der Komposition festgelegt worden ist. Ich möchte gleichwohl schon an dieser Stelle festhalten, dass wir im dritten Kapitel feststellen werden, dass diese Unterscheidung keineswegs so einleuchtend ist, wie sie zunächst zu sein scheint.

Zunächst drängt sich aber ein anderer Einwand gegen diese Charakterisierung auf. Orientiert man sich bei der Frage der Komposition an einer Sonate von Beethoven, so besteht die Gefahr, einen etwas einseitigen Begriff des Komponierens zugrunde zu legen. Nicht allein in der Kunstphilosophie ist es von entscheidender Bedeutung, dass die paradigmatischen Fälle, wenn man denn mit als paradigmatisch ausgewiesenen Fällen argumentiert, tatsächlich konsensfähig sind. Wahrscheinlich handelt es sich bei der *Pathétique* um einen konsensfähigen paradigmatischen Fall dessen, was unter den Begriff einer Komposition der europäischen Kunstmusik fällt. Aber mit Blick auf die Entwicklungen, die sich ausgehend von der Neuen Musik im 20. Jahrhundert vollzogen haben, kann er in dieser Weise nicht mehr generalisiert werden.[5] Die Neue Musik ist nicht allein durch eine Überschreitung vormals verbindlicher harmonischer und melodischer Strukturen der Musik gekennzeichnet, sondern auch durch vielfältige Versuche, neue Arten musikalischer Notation zu entwickeln. Dazu gehört etwa auch die graphische Notation.[6] Bei der graphischen Notation handelt es sich um Arten der Notation von Musik, bei welchen nur wenige oder sogar keine Elemente der konventionellen musikalischen Notation verwendet werden. Wenn als paradigmatischer Fall also eine Klaviersonate von Beethoven verwendet wird, so muss man einschränkend geltend machen, dass das nur für die konventionelle Notation in der europäischen Kunstmusik gilt. Für Beethovens Klaviersonate gilt aber ebenso wie für in graphischer Notation notierte Werke von Karlheinz Stockhausen oder John Cage, dass das Komponieren als

5 Vgl. einführend als Überblick zur Neuen Musik Hermann Danuser (Hg.), *Die Musik des 20. Jahrhunderts*, Laaber 1984. Jean-Noël von der Weid, *Die Musik des 20. Jahrhunderts*, Frankfurt/M. 2001. Richard Taruskin, *Music in the Early Twentieth Century*, New York 2005. David Metzer, *Musical Modernism at the Turn of the Twenty-First Century*, Cambridge 2009. Paul Griffiths, *Modern Music and After*, New York 2010.

6 Vgl. dazu und insgesamt zu Formen der Notation in der Neuen Musik die Beiträge in Ernst Thomas (Hg.), *Notation neuer Musik*, Mainz 1965.

das vorgängige Festlegen von Aspekten von Performances an irgendeine Form der notationalen Praxis gebunden ist. Dabei zeigen nicht erst die Entwicklungen der Neuen Musik, dass diese Praxis keineswegs ahistorisch ist.[7]

Kommen wir nun zur Erläuterung der zweiten einleitenden Charakterisierung, dass nämlich Improvisation als das Schaffen von Musik im Akt der Performance selbst zu verstehen sei. Diese Charakterisierung lässt sich leicht missverstehen. So könnte man sie etwa so verstehen, dass ein Performer sich auf die Bühne begibt und einfach losspielt, ohne dass er das Instrument, das er in der Hand hält oder das er im Fall seiner Stimme sozusagen selbst ist, überhaupt beherrscht. Man könnte sie auch dahingehend missverstehen, dass man glaubt, dass der Performer kein Wissen vom Aufbau von Melodien oder üblichen Abfolgen von Harmonien mitbringt. Durch die Zurückweisung dieser Missverständnisse lässt sich zeigen, dass die These, dass es in der Improvisation keine der Performance vorausgehende Festlegung dessen, was gespielt wird, gibt, *nicht* so zu verstehen ist, dass die musikalische Improvisation selbst keinerlei *Voraussetzungen* hätte. Zunächst (i) zum ersten Missverständnis, dass der Improvisierende das Instrument, das er in der Hand hält, überhaupt nicht spielen kann. Zwar gibt es durchaus Fälle, in denen Musiker ein Instrument in den Händen halten, das sie faktisch gar nicht spielen können, ohne dass deshalb die in Frage stehenden Performances misslungen wären. So hat etwa der amerikanische Saxophonist und Komponist John Zorn sich an solchen ästhetischen Experimenten als Ensembleleiter versucht. Aber in diesen Fällen handelte es sich um professionelle Musiker, die mit einem Instrument hantieren mussten, das sie nicht beherrschen. Die Fähigkeiten eines Musikers sind normalerweise nicht nur auf sein Instrument beschränkt. Musikalisches Verständnis ist etwas, was man zwar normalerweise mit Blick auf ein bestimmtes Instrument erwirbt – normalerweise, weil es durchaus begnadete Komponisten gibt, die lausige Instrumentalisten sind. Aber musikalisches Verständnis geht über das Spielen dieses spezifischen Instruments hinaus. Ist man ein guter Musiker, so ist man kein Fachidiot – zumindest hinsichtlich der Art von Musik, die

7 Vgl. in diesem Sinne auch Albrecht Wellmer, »Das musikalische Kunstwerk«, in: Andrea Kern, Ruth Sonderegger (Hg.), *Falsche Gegensätze. Zeitgenössische Positionen zur philosophischen Ästhetik*, Frankfurt/M. 2002, S. 133-175.

man zu meistern gelernt hat. Im Fall von John Zorns ästhetischen Experimenten mit dem Ensemble ist es aber sicherlich nicht die Pointe, allgemeine musikalische Fähigkeiten aus Performern unter derartig erschwerten Bedingungen herauszukitzeln – Bedingungen, die so zu beschreiben sind, dass die Musiker hier ein Instrument in Händen halten, bezüglich dessen sie gar nicht über die Fähigkeiten verfügen, es zu spielen. Es handelt sich hier vielmehr um ein spezifisches künstlerisches Verfahren, dessen Ergebnis keineswegs schlechte Musik ist. In jedem Fall gilt: Auch wenn es in besonderen Kontexten so sein kann, dass jemand auf einem Instrument improvisiert, das er gar nicht beherrscht, ohne dass dabei miserable Musik herauskommt – ein anderes Beispiel wären die das Improvisationskonzept auf komische Weise generalisierenden Performances eines Helge Schneider –, so ist der Regelfall ein anderer. Der Regelfall ist, dass Jazzmusiker ihre Instrumente technisch gut beherrschen und ihr Spiel mitunter sogar von ausgesprochener Virtuosität ist. Dass vor einer Performance also nichts festgelegt ist, kann nicht heißen, dass man sein Instrument nicht beherrscht. Nun (ii) zum zweiten Missverständnis, dem zufolge der Performer ohne Voraussetzungen in dem Sinne improvisiert, dass er kein Wissen etwa vom Aufbau von Melodien, üblichen Abfolgen von Harmonien oder auch gängigen Stilen hat. In vielen Fällen verfügt ein Improvisierender im Moment der Improvisation tatsächlich nicht über *explizites* Wissen mit Blick auf die Konstruktion von Melodien und Harmonien. Gleichwohl verfügt ein Musiker über derartiges Wissen nicht allein in einem solchermaßen *theoretischen* Sinne. Er denkt beim Spielen einer musikalischen Phrase wahrscheinlich nicht explizit, dass er hier gerade über die Dominante einen bestimmten Spannungsbogen durch eine rhythmische wie tonale Verschiebung einer melodischen Phrase aufbaut, der sich dann in der Tonika wieder entladen soll. *Praktisch* weiß aber jeder fortgeschrittene Musiker so etwas, wenn er über und mit solchem Material improvisiert. Praktisches Wissen ist ein Wissen, das wesentlich im Vollzug von Handlungen verkörpert ist. Praktisches Wissen ist damit immer ein Können.[8]

8 Vgl. als einschlägigen Text zum praktischen Wissen Bertrand Russell, *Probleme der Philosophie*, Frankfurt/M. 1967, S. 43 ff. Vgl. als Vorschlag zur Rekonstruktion eines derartigen Wissens mit Blick auf Fragen musikalischer Improvisation auch David Borgo, *Sync or Swarm. Improvising Music in a Complex Age*, London, New York 2005.

Eine bekannte Illustration praktischen Wissens stellt die Beschreibung der Fähigkeit des Fahrradfahrens dar. Man hat es einmal gelernt, und das Lernen war vielleicht mühsam. Mühsam war es vielleicht deshalb, weil man besondere Aufmerksamkeit auf die koordinierte Bewegung der Füße und Hände und die richtige Verlagerung des Körpergewichts lenken musste. Hat man die Fähigkeit aber erst einmal erworben, erfordert ihre Ausübung keine besondere Aufmerksamkeit auf derartige motorische Aspekte mehr. Sie ist auch nicht mehr mühsam, sondern gelingt gewissermaßen von selbst. Die entsprechende Tätigkeit geht uns in Fleisch und Blut über. Diese Beschreibung trifft insgesamt auch auf das Erlernen eines Instruments zu. Wenn jemand während einer Performance am Klavier noch auf die Koordination seiner Finger besondere Aufmerksamkeit richten muss, produziert er wohl nicht nur ein eher mangelhaftes Klangereignis. Er ist dann jemand, der sich noch in der Phase des Erwerbs ganz basaler Fähigkeiten am Instrument befindet. Die unter musikalischen Laien verbreitete Vorstellung, es gäbe Werke, die so schwierig sind, dass sie auch einem professionellen Musiker, wenn er sie darbietet, nicht immer gelingen, ist lächerlich, wenn damit gemeint sein soll, dass das hinsichtlich technischer und mechanischer Aspekte seines Spiels der Fall sein soll. Probleme des Gelingens betreffen schon bei halbwegs professionellen Musikern normalerweise nicht mehr Fragen mechanischer und technischer Aspekte der Durchführung. Derartiges praktisches Wissen ist aber nicht nur ein wesentliches Moment beim Erlernen eines Instruments. Praktisches Wissen ist ebenfalls ein wesentliches Moment in der Improvisation, insofern es auch ein Erkennen und Spielen harmonischer Fortschreitungen, sinnvoller Konstruktionsprinzipien von Melodien und so weiter beinhaltet.[9] Beim Erwerb der Fähigkeit, ein Instrument zu spielen, erwirbt man derartige Kenntnisse stillschweigend mit – wenn auch zumeist nicht in einem technisch-theoretischen Sinne in expliziter Weise.

Folgendes soll diese Zurückweisung zweier Varianten der These, dass in der Improvisation die Musik im Moment der Performance erschaffen wird, deutlich machen: *Musikalische Improvisation ist*

9 Eine schöne Charakterisierung dieses Punkts mit Blick auf den Jazz findet sich bei Garry Hagberg. Vgl. Garry L. Hagberg, »Jazz Improvisation and Ethical Interaction. A Sketch of the Connections«, in: ders. (Hg.), *Art and Ethical Criticism*, Malden/Ma., Oxford u. a. 2008, S. 259-285, hier S. 279 ff.

eine spezifische Fähigkeit, die in komplexer Weise Einübung voraussetzt. Das Prädikat »komplex« soll an dieser Stelle besagen, dass die Fähigkeit zur musikalischen Improvisation nicht das Ergebnis mechanisch-routinierter Tätigkeiten ist. Zwar beinhaltet der Prozess des Erwerbs der Fähigkeit zur musikalischen Improvisation auch derartige Typen von Tätigkeiten. Er beinhaltet aber in der einen oder anderen Weise immer auch die intensive Auseinandersetzung mit den Improvisationen anderer Musiker sowie nicht selten Training in musikalischer Analyse und vor allem auch reflexive Gestaltungen der eigenen Instrumentalübungen, die der Entwicklung der eigenen Ausdrucksfähigkeit gelten. Auch wenn sich *gelingende* Fälle musikalischer Improvisation keineswegs auf derartige Tätigkeiten zurückführen lassen, so ist die Fähigkeit zur Improvisation das Ergebnis harter, wenn auch nicht unbedingt als hart empfundener Arbeit. Das gilt wahrscheinlich für jede Form künstlerischen Schaffens. Vorläufig kann man sagen, dass das Ergebnis derartiger Formen des Einübens ein Können ist, wohingegen der Prozess, der dem Erwerb dieser Tätigkeiten gilt, in wesentlicher Weise Momente eines Nichtkönnens aufweist. Das nicht deshalb, weil man auf dem Weg eben noch nicht alles kann, was man am Ziel kann. Vielmehr weist der Prozess in wesentlicher Weise Momente eines Nichtkönnens auf, weil die Ausbildung der eigenen Fähigkeiten keineswegs linear verläuft und wesentlich in einem Entdecken neuartiger Möglichkeiten besteht. Man kann nicht schon vorher wissen, wie man am Ende klingen wird. Anders formuliert: Wenn man es tatsächlich vorher weiß, kommt wahrscheinlich nach jahrelanger Arbeit eher grässlich monotone Musik dabei heraus. Da die Redeweise von einem vorab festgelegten Ziel zumindest mit Blick auf die Ausbildung und Kultivierung der eigenen Fähigkeiten sinnlos wird, kann man sogar sagen, dass jedes improvisatorische Können immer auch Momente eines Nichtkönnens in sich beschließt.[10]

Ausgehend von dieser ersten und dabei sicherlich sehr vorläufigen Erläuterung des Kontrasts zwischen Improvisation und Komposition möchte ich nun der für dieses Kapitel leitenden Frage nachgehen: Inwieweit ist das Vorverständnis zutreffend, dass die

10 In anderer und grundsätzlicherer Weise hat Christoph Menke eine derartige These hinsichtlich der Verfasstheit von Subjektivität überhaupt vertreten. Vgl. Christoph Menke, *Kraft. Ein Grundbegriff ästhetischer Anthropologie*, Frankfurt/M. 2008.

Improvisation wesentlich eine Sache des Jazz ist, wohingegen die Komposition wesentlich eine Sache der europäischen Kunstmusik ist? Die These, *dass* Improvisation ein für den Jazz wesentliches Merkmal sei, wohingegen die Komposition für die Tradition der europäischen Kunstmusik ein wesentliches Merkmal sei, trifft durchaus einen wichtigen Unterschied. Alles hängt aber daran, wie man hier genau die Redeweise von einem *wesentlichen* Merkmal versteht.[11] Es kann nicht so verstanden werden, dass Improvisation für den Jazz exklusiv wäre, wohingegen die Komposition ein Alleinstellungsmerkmal für die europäische Kunstmusik wäre. Anders gesagt: Improvisation gehört genauso wenig zu so etwas wie »dem Wesen« des Jazz, wie die Komposition zu so etwas wie »dem Wesen« der europäischen Kunstmusik gehört – zumindest dann nicht, wenn man unter Wesen etwas versteht, das eine notwendige Bedingung meint. In dieser Schärfe ist die Gegenüberstellung als Merkmal zweier unterschiedlicher Arten von Musik nämlich schlichtweg *falsch*. Das lässt sich dann zeigen, wenn man paradigmatische, das heißt nicht exotische Fälle des Jazz findet, für die Komposition wesentlich ist, und wenn man nicht exotische Fälle europäischer Kunstmusik findet, für die Improvisation wesentlich ist. Entdeckt man nur einen der beiden Fälle, wäre der Kontrast zwischen Improvisation und Komposition im Sinne einer Unterscheidung zwischen Jazz und europäischer Kunstmusik widerlegt. Ich möchte jetzt verschiedene derartige Fälle diskutieren, wobei der erste Fall ein logisches Register bespielt, das gewissermaßen noch vor dem eigentlichen Argument liegt. Die Argumentation soll uns für die Frage sensibilisieren, worüber wir überhaupt sprechen, wenn wir über Jazz und die Tradition europäischer Kunstmusik sprechen. Die Fälle betreffen erstens andere Arten improvisierter Musik als den Jazz (I.), zweitens die Frage der Improvisation in der europäischen Kunstmusik vor der Romantik (II.) und schließlich drittens die Frage der Komposition im Jazz (III.). Es wird sich anhand dieser Fälle zeigen, dass der Kontrast zwischen Improvisation und Komposition keineswegs deckungsgleich ist mit einer Unterscheidung eines jeweils exklusiven Merkmals entweder des Jazz oder der europäischen Kunstmusik. Kurz gesagt: Die folgen-

11 Vgl. dazu auch Hagberg, »On Representing Jazz: An Art Form in Need of Understanding«.

den Überlegungen werden mit Blick auf die Aufgabe, erst einmal angemessen zu klären, worüber wir eigentlich sprechen, zeigen, dass es sich hier tatsächlich um einen *Kontrast* und keine exklusive Gegenüberstellung handelt, insofern es vielfältige Grauzonen und unsaubere Übergänge gibt.

I.

Erweitern wir also zunächst unseren Blick über Jazz und europäische Kunstmusik hinaus. Das ist deshalb sinnvoll, weil man sich im Rahmen einer derartigen Blickerweiterung etwas klarmachen kann: Improvisation ist selbst dann keine hinreichende Bedingung für Jazz, wenn man annehmen würde, dass sie in der europäischen Kunstmusik nicht vorkommt. Denn musikalische Improvisation findet sich nicht allein im Jazz, sondern auch im Pop, Rock und Blues. Natürlich kommt sie hier im Vergleich zum Jazz in homöopathischen Dosen vor und ist zumeist auch von ihrer harmonischen, melodischen und rhythmischen Gestaltung her einfacher gestrickt. Nichtsdestotrotz handelt es sich auch hier um Fälle musikalischer Improvisation. Michael Jackson und Whitney Houston haben es als Pop- und Soulsänger meisterhaft verstanden, ihre Gesangsmelodien zu verzieren, Chris Cornell und Mike Patton gehören nicht bloß in dieser Disziplin zu den großen Virtuosen der jüngeren Geschichte der Rockmusik. Das Verzieren und Umspielen kann selbst als ein – wenn auch minimaler Grad – musikalischer Improvisation verstanden werden. Musikalische Improvisation taucht aber in Pop, Rock und Blues nicht allein im Gesang auf – in vielen Rock- und Popsongs finden sich augenscheinlich auch Solopassagen unterschiedlichster Instrumente. In Popsongs spielt zum Beispiel das Klavier oder die Gitarre zwischen den Strophen kürzere improvisierte Passagen – etwa über die Akkorde der Strophe oder des Chorus; in Rocksongs werden häufig längere Gitarrensoli eingeschoben; im Blues bilden derartige Soli sogar häufig ein zentrales Moment dieser Musik überhaupt. B.B. King und John Lee Hooker sind nicht nur markante Bluessänger. Vor allem Ersterer ist auch ein großer Stilist auf der Gitarre. Es ist natürlich so, dass die Solopassagen gerade im Pop häufig vorgängig komponiert worden sind und bei Liveversionen der Songs genauso wie in der CD-Version gespielt werden. Aber das ist keineswegs immer so, und im Blues trifft es sicherlich nicht zu. Und es gibt sogar einen historischen Stil des Rock, für den Improvisation in ausgesprochen umfangreichem Maß kennzeichnend war: den *Progressive Rock* der späten 1960er Jahre. Paradigmatische Bands dieser Strömung wie Genesis, King Crimson, Pink Floyd oder Emerson, Lake and Palmer haben nicht nur häufig versucht, komplexe formale Strukturen der europäischen Kunstmusik in ihre Musik zu integrieren, sondern auch ausgiebig improvisiert. Man kann sich an diesen Beispielen nicht nur klarmachen, dass Improvisation keine hinreichende Bedingung für den Jazz ist. Man kann sich an ihnen auch und vor allem klarmachen, *dass Improvisation in unterschiedlichen Formen und Graden daherkommt.* Nun könnte man natürlich den Gedanken haben, dass Improvisation in Pop, Rock und vor allem im Blues auch deshalb eine Rolle spielen könnte, weil heutiger Pop, Rock und mit Einschränkungen auch heutiger Blues gewissermaßen Nachfahren des Jazz der Swing-Ära sind. Denn der Swing war die vorherrschende Popularmusik seiner Zeit. Außerdem ließen sich komplexe Abstammungslinien nachzeichnen, aus denen hervorgehen würde, dass Pop und Rock auch Wurzeln im Jazz haben. Beim Blues läge es natürlich eher andersherum: Er stellt eine wesentliche historische Grundlage des Jazz dar. So oder so ist dieser Gedanke gleichwohl insgesamt irreführend: Zwar mag es so sein, dass eine Musik aus einer anderen hervorgegangen ist oder eine Funktion erfüllt, wie sie eine andere Musik vormals innehatte. Daraus kann aber nicht gefolgert werden, dass die entsprechenden Arten von Musik in relevanten Hinsichten identisch sein müssen oder auch nur in informativer Weise vergleichbar sind. Schließlich würde man rückblickend sagen, dass die Musik von Johann Strauss in irgendeiner Hinsicht ein Register der Popularmusik bespielt hat – aber es wäre absurd, daraus zu folgern, dass diese Musik in aufschlussreichen Hinsichten etwas mit dem Jazz der 1940er Jahre oder den jüngsten Entwicklungen im Hip-Hop gemein hätte. Mit aufschlussreichen Hinsichten meine ich solche Aspekte, die nicht als äußere soziale oder kulturelle Bedingungen oder Merkmale dieser Musik charakterisiert werden können, sondern Aspekte, die als musikalische im engeren Sinne tatsächlich relevant wären. Selbst wenn man aber an diesem irreführenden Gedanken festhalten wollte und darauf pochen würde, dass Improvisation in den genannten Arten von Musik aus dem Jazz stamme – Improvisation wäre auch dann immer noch kein exklusives Merkmal des Jazz. Das kann man sich klarmachen, wenn man die eurozentrische Perspektive hinter sich lässt. In außereuropäischen Musikkulturen ist musikalische Improvisation gang und gäbe, zum Beispiel in afrikanischen Musikkulturen und vor allem auch in der indischen Musik.[12] In Letzterer wird über bestimmte Formen, so genannte Ragas, improvisiert, die zugleich mit bestimmten kulturellen Themen und Vorstellungen verbunden sind. Es ist also mit Blick auf eine Erweiterung der Perspektive über Jazz und europäische Kunstmusik hinaus Folgendes festzuhalten: *Nicht allein im Pop, Rock und Blues, sondern auch in außereuropäischer Musik wird mehr oder weniger ausgiebig improvisiert. Improvisation ist keine hinreichende Bedingung für den Jazz. Zudem kommt Improvisation in ausgesprochen unterschiedlichen Formen und Graden vor.*

II.

Kommen wir nun zur Frage, wie es um die Improvisation in der europäischen Kunstmusik steht. Wenn wir auf unsere zeitgenössische Musikpraxis schauen, sieht es zunächst so aus, als würde sie keine besonders große Rolle spielen. Am meisten frequentiert dürften nach wie vor Konzerte mit Darbietungen von Werken der großen Komponisten der Tradition der Wiener Klassik bis hin zur Spätromantik sein, was sich bereits durch einen Blick in die einschlägigen Konzertprogramme erschließen lässt.[13] Aber wenn man genauer hinschaut, sieht man, dass schon die Lage mit Blick auf unsere gegenwärtige Musikpraxis nicht so eindeutig ist. Improvisation taucht zum Beispiel als Verfahren in der Neuen Musik auf. Das gilt zwar sicherlich nicht für den Serialismus und zumindest auch nicht für solche aleatorischen Verfahrensweisen, die in einer

12 Vgl. dazu etwa Derek Bailey, *Improvisation. Its Nature and Practice in Music*, Ashbourne 1992, S. 1 ff.

13 Vgl. insgesamt zu dieser Frage auch die Beiträge in Martin Tröndle (Hg.), *Das Konzert. Neue Aufführungskonzepte für eine klassische Form*, Bielefeld 2009. Arnold Jaboshagen, Frieder Reininghaus (Hg.), *Musik und Kulturbetrieb. Medien, Märkte, Institutionen*, Laaber 2006. Ich danke Gesa zur Nieden für diese Hinweise.

eindeutigen Kodifizierung dessen bestehen, was dann zu einem zufälligen Klangereignis führt, da diesen jeweils unterschiedlichen Klangereignissen sozusagen ein unveränderbarer Code zugrunde liegt. Gleichwohl kann man bei späteren Entwicklungen der Neuen Musik in Teilen sicherlich von improvisatorischen Verfahrensweisen sprechen. Diese sind, so viel muss gleichwohl festgehalten werden, zumeist in ihren spezifischen Konturen ziemlich anders als die Improvisation im Jazz. Und in vielen Fällen scheint es nur auf den ersten Blick so zu sein, als lägen hier Improvisationen vor. So ist wahrscheinlich die Annahme problematisch, in der Musik von John Cage werde improvisiert. Diesbezüglich kann man sich zunächst auf ein Symptom berufen. Wenn Cage der Meinung ist, dass Improvisation abzulehnen sei, da sie letztlich der kontingenten Subjektivität Tür und Tor öffnet, so spricht das erst mal dafür, dass das, was wie eine improvisatorische Praxis aussieht, keine sein könnte.[14] Zwar kann man Künstlern mit Blick auf Aussagen zu ihren eigenen Werken mitunter durchaus misstrauen. Aber bei einem Künstler wie John Cage, dessen Werk mit theoretischen Überlegungen verbunden ist und eine bestimmte künstlerische Agenda verfolgt, sollte man derartige Äußerungen zumindest nicht leichtfertig abtun. Abgesehen von der speziellen Frage, inwieweit es in Cages Werk doch Improvisation gibt, die subkutan seine explizite künstlerische Agenda konterkariert, ist Folgendes mit Blick auf viele improvisatorische Verfahrensweisen in der Neuen Musik markant: Die Integration improvisatorischer Verfahrensweisen führt hier nicht notwendigerweise zur Verabschiedung der Idee, dass etwas Komponiertes dargeboten wird. Wenn man etwa an einige Werke von Karlheinz Stockhausen in graphischer Notation denkt, so ist unklar, ob hier überhaupt noch musikalische Parameter in einer eindeutigen Weise festgelegt werden oder nicht vielmehr alles, was zum Werk gehört, den Charakter einer Leerstelle gewinnt. Eine Aufführung eines derartigen Werks wird aber dennoch weiterhin als eine solche behandelt und nicht etwa als Improvisation seitens des Performers. Derartige Kompositionen stellen Verfahrensweisen dar, die den Werkbegriff gewissermaßen von innen heraus kolla-

14 Vgl. zur künstlerischen Agenda von John Cage aus philosophischer Perspektive Wellmer, *Versuch über Musik und Sprache*, Kapitel 5. Vgl. außerdem die Beiträge in David Nicholls (Hg.), *The Cambridge Companion to John Cage*, Cambridge, New York u. a. 2002.

bieren lassen, ohne ihn dabei ganz zu überschreiten; viele derartige Kompositionen sind dabei sogar eine mehr oder weniger explizite Auseinandersetzung mit dem Konzept des musikalischen Werks selbst. Gleichwohl gibt es Performances der Neuen Musik, für die in unstrittiger Weise Improvisation charakteristisch ist.[15] Und das gilt nicht nur für Werke und Performances von Künstlern wie etwa Anthony Braxton und John Zorn, bei denen es sich um Grenzgänger zwischen Neuer Musik und Jazz handelt.

In deutlich größerem Maße als in der Neuen Musik tritt aber in einem anderen Zweig der europäischen Kunstmusik Improvisation hervor: in der Kirchenmusik. Diese These könnte vielleicht einige Leser zum Widerspruch herausfordern. Der Einwand liegt nahe, dass es sich bei dieser Musik gar nicht im engeren Sinne um künstlerische Musik handelt. Wenn ein Organist bei einem Gottesdienst Lieder aus dem Gesangbuch auf der Orgel begleitet, so wären wir angesichts dieser Praxis vielleicht geneigt zu sagen, dass die Musik hier eine Funktion erfüllt, die erst einmal gar nichts mit Kunst zu tun hat. Gegen diesen Widerspruch könnte man zunächst geltend machen, dass ein Großteil der Musik, die heute zum Kanon europäischer Kunstmusik gehört, ursprünglich auch geistliche Musik war. Dass eine Musik ursprünglich auch geistlichen Funktionen gedient hat, spricht also noch nicht per se dagegen, sie als künstlerische Musik zu behandeln. Diese Zurückweisung des Widerspruchs ist aber nicht ganz überzeugend, denn man könnte dagegen ja einwenden, dass diese Musik heute als künstlerische Musik gerade nicht länger derartige geistliche Funktionen erfüllt. Ein anderes Argument gegen den Gedanken, dass Kirchenmusik per se keine künstlerische Musik ist, ist demgegenüber schlagender: Selbst wenn es richtig sein sollte, dass der Begriff der Kirchenmusik mit dem Begriff der künstlerischen Musik erst einmal nichts zu tun hat, wird doch nicht schon allein aufgrund der Tatsache, dass es sich bei Musik um Kirchenmusik handelt, verunmöglicht, dass es sich bei dieser Musik zugleich *auch* um künstlerische Musik handelt. Kurz gesagt: Aus der Tatsache, dass bestimmte Musik im Gottesdienst eine bestimmte geistliche Funktion erfüllt, folgt noch nicht, dass es sich bei ihr nicht um künstlerische Musik handeln

15 Vgl. dazu Sabine Feißt, *Der Begriff der »Improvisation« in der Neuen Musik*, Sinzig 1997.

kann. Es ist nämlich nicht ausgeschlossen, dass im Rahmen einer musikalischen Praxis die entsprechende Musik verschiedene Funktionen erfüllen kann – dass also die Musik zum Beispiel sowohl eine liturgische als auch eine künstlerische Funktion erfüllt.[16]

Eine kurze Bemerkung dazu, was eine künstlerische Funktion sein könnte, scheint mir an dieser Stelle hilfreich zu sein.[17] Was immer man genauer als eine künstlerische Funktion qualifizieren wollte – wir können uns vermutlich darauf einigen, dass zu unserem Umgang mit einem künstlerischen Objekt oder Ereignis Folgendes gehört: Es gehört dazu in irgendeiner Weise eine intensive Auseinandersetzung mit dem künstlerischen Objekt oder Ereignis als demjenigen künstlerischen Objekt oder Ereignis, das es jeweils ist. Zwar kann man sich angesichts eines Gemäldes des *Action Painting* von Jackson Pollock an einen Unfall mit Farbe auf einer Wand vor der eigenen Haustür erinnert fühlen. Aber das würde einfach nur heißen, dass man weder den Blick noch das Wissen erworben hat, die nötig sind, um einen Jackson Pollock als einen Jackson Pollock zu würdigen. Gesteht man das zu, wird deutlich, dass künstlerische Objekte und Ereignisse in irgendeiner Weise Forderungen an uns stellen, sie richtig zu sehen beziehungsweise zu hören.[18] Sie sind nicht einfach ein Anlass für beliebige Assoziationen. Die Intensität der Kunsterfahrung kann an dieser Stelle in Rückbindung an den Gedanken, dass künstlerische Objekte und Ereignisse Forderungen an uns stellen, so erläutert werden: Viele künstlerische Objekte und Ereignisse erfahren wir als überraschend und ungewohnt. Selbst solche künstlerischen Objekte und Ereignisse, die mit vertrauten Sujets und Formen operieren, zeigen diese beziehungsweise gebrauchen diese in einer Weise, wie es in keinem anderen Kunstwerk der Fall ist. Intensiv sind Kunsterfahrungen, weil sie uns zu einem Nachvollzug der Art und Weise, wie sie uns etwas präsentieren, auffordern. Die Art und Weise ihres Präsentie-

16 Man kann hier auf den von Roman Jakobson geprägten Begriff des »Plurifunktionalismus« zurückgreifen. Vgl. Roman Jakobson, *Poetik. Ausgewählte Aufsätze 1921-1971*, Frankfurt/M. 1979, S. 8. Vgl. zum kunsttheoretischen Funktionalismus insgesamt auch die Beiträge des Sammelbandes: Bernd Kleimann, Reinold Schmücker (Hg.), *Wozu Kunst? Die Frage nach ihrer Funktion*, Darmstadt 2001.

17 Vgl. dazu ausführlich Feige, *Kunst als Selbstverständigung*.

18 Theodor W. Adorno verhandelt diesen Gedanken unter dem Begriff des Formgesetzes. Vgl. Theodor W. Adorno, *Ästhetische Theorie*, Frankfurt/M. 1973, etwa S. 205 ff.

rens kann man insgesamt so qualifizieren, dass man sagt, sie stellen an den Rezipienten immer auch die Frage, wo ihre Grenzen liegen. Zwar ist mit Blick auf viele zeitgenössische Performances, Tänze und auch musikalische Darbietungen gar nicht mehr ohne weiteres klar, was hier überhaupt dazugehört und was nicht. Aber viele derartige künstlerische Objekte und Ereignisse machen damit gerade ein Moment der Kunsterfahrung überhaupt explizit. In jeweils besonderer Weise stellen sie dem Zuschauer die Frage, was überhaupt zu ihnen gehört und was nicht. Damit wird ein allgemeines Moment der Kunsterfahrung zu einem spezifisch künstlerischen Verfahren umgemünzt.[19] Die Charakterisierung, dass Kunsterfahrungen von einem intensiven Nachvollzug der entsprechenden künstlerischen Objekte und Ereignisse gekennzeichnet sind, stellt natürlich keine hinreichende Bestimmung der Kunsterfahrung dar. Aber wenn der Gedanke plausibel ist, dass ein wesentliches Moment unserer Auseinandersetzung mit Kunstwerken in einem intensiven Nachvollzug der entsprechenden künstlerischen Objekte oder Ereignisse, die sie jeweils sind, besteht, so sollte man auch gewillt sein, zumindest *einigen Teilen* der Kirchenmusik einen Kunstcharakter zuzugestehen. Ein Orgelspiel nach der Predigt, das keine Instanziierung eines Gesangbuchlieds darstellt, dient häufig nicht bloß der Vereinigung der Gemeinde in einem gemeinsamen Besinnen auf den Inhalt der Predigt, sondern lässt sich um seiner selbst willen nachvollziehen. Oder anders gesagt: Häufig heißt es gerade, sich gemeinsam zu besinnen, dass man das Orgelspiel um seiner selbst willen nachvollzieht – in diesem Fall ist eine religiöse Praxis inhärent mit einer ästhetischen Praxis verschränkt. Bei Orgelkonzerten, die nicht im Rahmen eines Gottesdienstes stattfinden, ist der Kunstcharakter sicherlich noch unstrittiger. Das Argument, um das es an dieser Stelle geht, lässt sich also folgendermaßen zusammenfassen: Kirchenmusik ist eine zeitgenössische musikalische Praxis, die in Teilen in Begriffen einer künstlerischen musikalischen Praxis erläutert werden kann, und zwar einer solchen, die der Tradition der europäischen Kunstmusik zugehört. Ein wesentliches

19 Anhand des Schlagworts der Interpretation hat der amerikanische Kunstphilosoph Arthur C. Danto dafür argumentiert, dass es sich bei derartigen Prozessen der Diskriminierung um ein konstitutives Moment der Kunsterfahrung überhaupt handelt. Vgl. vor allem Arthur C. Danto, *Die Verklärung des Gewöhnlichen. Eine Philosophie der Kunst*, Frankfurt/M. 1991.

Moment von Kirchenmusik ist die Improvisation. Also gibt es zeitgenössische europäische Kunstmusik, die Improvisation beinhaltet. Die Art und Weise der Improvisation ist dabei in Teilen der Praxis des Spielens von Jazzstandards durchaus verwandt. In vielen Fällen gibt es zugrundeliegende harmonische Abläufe und Melodien, über die dann in mehr oder weniger ausgeprägter Weise improvisiert wird. Schon im Studium gehört der Erwerb der Fähigkeit zur Improvisation zu den wesentlichen Momenten der Ausbildung zum Organisten.

Selbst wenn dieser Fall aufgrund einer wie auch immer gearteten Intuition, dass das geistliche Moment dieser Musik ihrem künstlerischen Charakter widersprechen könnte, abgelehnt werden sollte; und selbst wenn man aus welchen Gründen auch immer gewillt sein sollte, in der Neuen Musik nicht von Improvisation zu sprechen: Improvisation betrifft nicht nur bestimmte besondere Phänomene der europäischen Kunstmusik, sondern hat lange Zeit durchaus zum *Kernbestand* dieser musikalischen Praxis gehört.[20] Das lässt sich im Rahmen dreier zusammenhängender Überlegungen zeigen. Eingangs hatten wir im Sinne einer Explikation unseres Vorverständnisses festgehalten, dass Komponieren heißt, ein Werk dadurch hervorzubringen, dass man vorgängig wesentliche Aspekte der Performance festlegt. Und wir hatten auch gesehen, dass das mit den Mitteln einer musikalischen Notation erfolgt. Genauer: Wir hatten gesehen, dass die Partitur in irgendeiner Weise eine Autorität hinsichtlich dessen zu haben scheint, was es heißt, das von ihr festgehaltene Werk zu spielen oder eben nicht zu spielen. Mit Blick auf die These, dass Improvisation ein wesentlicher Aspekt der musikalischen Praxis in der Tradition europäischer Kunstmusik war, ist zunächst (i) festzuhalten, dass die musikalische Praxis des Mittelalters und der frühen Renaissance selten mit musikalischer Notation im heutigen Sinne operiert hat.[21] Dass es Performances ohne Notentexte gab, ist bereits ein Symptom dafür, dass

20 Vgl. zur Improvisation im Mittelalter etwa Keith Polk, *German Instrumental Music of the Late Middle Ages. Players, Patrons and Performance Practice*, Cambridge, New York u. a. 1992, Kapitel 7. Vgl. zur Improvisation in der Renaissance etwa Lorenz Welker, »Die Musik der Renaissance«, in: Herman Danuser (Hg.), *Musikalische Interpretation*, Laaber 1992, S. 139-216, hier S. 189 ff.

21 Vgl. zum Mittelalter etwa Leo Treitler, *With Voice and Pen: Coming to Know Medieval Song and how it was Made*, Oxford 2003.

hier improvisatorische Praktiken vorliegen könnten – zumindest dann, wenn man daran erinnert, dass musikalische Improvisation von ausgesprochen unterschiedlichem Charakter sein kann und in unterschiedlichen Graden auftreten kann. Dafür spricht auch, dass im Mittelalter und in der frühen Neuzeit die Fähigkeit zur musikalischen Improvisation bereits integraler Bestandteil der Ausbildung der Musiker war. Selbst Komponisten, die heute in den Reigen der maßgeblichen Komponisten der Tradition europäischer Kunstmusik gehören, waren in der Lage, virtuos zu improvisieren. So ist etwa die Anekdote überliefert, dass Johann Sebastian Bach, als er von Friedrich dem Großen aufgefordert wurde, eine Fuge über ein bereitgestelltes Thema zu improvisieren, sich vor keine größeren Schwierigkeiten gestellt sah.[22] Auf der Grundlage dieses Themas hat er später einen Zyklus unter dem Titel *Das musikalische Opfer* erschaffen. Was er dabei erschaffen hat, kann – und damit sind wir beim zweiten Punkt (ii) – historisch nicht als die Erschaffung eines Werks im heutigen Sinne beschrieben werden.[23] Denn die Idee der kompositorischen Erschaffung eines musikalischen Werks ist musikgeschichtlich eine relativ junge Erfindung. Die entsprechende musikalische Praxis war insgesamt eine Praxis, die sich gar nicht so verstand, dass hier Werke komponiert und im Rahmen von Performances aufgeführt würden. Ob eine musikalische Praxis eine Praxis ist, in deren Rahmen musikalische Werke erschaffen und von Performances instanziiert werden, hängt auch davon ab, inwieweit sich die Praxis als eine solche versteht, in der etwas Derartiges geschieht. Dass diese Musik heute im Rahmen der Kategorie des Werks behandelt wird und sich jener scheinbar widerstandslos fügt, stellt zwar keine Verzerrung dieser Musik dar – es ist aber bezüglich der Frage, inwieweit hier etwas erschaffen worden ist, was von seinem Produzenten als Werk verstanden worden ist, wenig informativ. Neben dem Verweis auf die Tatsache, dass eine historische musikalische Praxis sich nicht als eine solche verstand, in deren Rahmen musikalische Werke erschaffen wurden,

22 Vgl. als Ausmalung dieser Anekdote auch James Gaines, *Das musikalische Opfer: Johann Sebastian Bach trifft Friedrich den Großen am Abend der Aufklärung*, Frankfurt/M. 2008.

23 Ich bin an dieser Stelle Überlegungen von Lydia Goehr verpflichtet. Vgl. die Einleitung in Lydia Goehr, *The Imaginary Museum of Musical Works. An Essay in the Philosophy of Music*, New York, Oxford u. a. 1992.

und dem Verweis auf die Tatsache, dass diese musikalische Praxis in Teilen auch ohne Notationen zurechtkam, ist noch eine dritte Bemerkung (iii) von besonderer Relevanz: Erstaunlicherweise schien es selbst in solchen Fällen, wo es eine Partitur gab, kein Sakrileg zu sein, von dem Notentext in unterschiedlich deutlicher Weise abzuweichen. Man kann mit Blick auf das eingangs skizzierte Vorverständnis, dass Komponieren eine Tätigkeit ist, die in der Festlegung wesentlicher Eigenschaften von Performances durch den Gebrauch einer musikalischen Notation besteht, Folgendes festhalten: Es bedarf eines *anderen* Begriffs des Komponierens, denn ein Begriff des Komponierens im Sinne einer durch die Partitur erfolgten Festlegung wesentlicher Eigenschaften von Performances passt hier nicht. Will man das, was diese Musiker beim Erstellen von Partituren getan haben, so erläutern, dass sie damit dennoch etwas komponiert haben, so kann das nicht sinnvoll als das Komponieren eines Werks im heutigen Sinne verstanden werden. *Es handelt sich vielmehr um ein Komponieren, das keine ausschließende Alternative zum Improvisieren meint, sondern wesentlich mit improvisatorischen Praktiken und Fähigkeiten einhergeht – und das eben nicht bloß mit Blick auf den Prozess, sondern auch auf das Produkt.*[24] Es würde sich dabei bezüglich solcher Fälle, wo ein Abweichen vom Notentext legitim ist oder es gar kein Äquivalent zu einem Notentext im engeren Sinne gibt, um ein Komponieren handeln, das einen Zug in einem unabgeschlossenen Prozess beziehungsweise das Anstoßen eines solchen meint – um ein Komponieren, das nicht mit der Fertigstellung einer Partitur abgeschlossen ist, sondern das sich vielmehr in den einzelnen Performances, die ihren Ausgang von dieser Partitur nehmen, fortsetzt. Im nächsten Kapitel werden wir sehen, dass eine derartige Beschreibung gar nicht so weit weg ist von der Art und Weise, wie man die Praxis des Jazz beschreiben muss, und sogar feststellen, dass sie auch für eine Beschreibung komponierter Werke im herkömmlichen Sinne angemessener ist, als es zunächst der Fall zu sein scheint.

Diese Überlegungen zeigen insgesamt, dass der im Sinne einer

24 In diesem Sinne argumentieren auch Carol S. Gould, Kenneth Keaton, »The Essential Role of Improvisation in Musical Performances«, in: *The Journal of Aesthetics and Art Criticism* 2 (2000), S. 143-148. Bruce E. Benson, *The Improvisation of Musical Dialogue. A Phenomenology of Music*, Cambridge, New York u. a. 2003, v. a. Kapitel 1.

Explikation unseres geläufigen Vorverständnisses ins Spiel gebrachte Begriff der Komposition in Wahrheit nur ein auf das Paradigma des Produzierens von Werken beschränkter Begriff des Komponierens ist. Sie zeigen mit Blick auf die leitende Fragestellung dieses Kapitels damit auch, dass Improvisation in der Tradition europäischer Kunstmusik vorkam und hier kein peripheres Phänomen dargestellt hat.[25] Was gleichwohl an der Redeweise, dass das Komponieren von Werken für die Tradition der europäischen Kunstmusik wesentlich sei, richtig ist, ist Folgendes: Improvisatorische Verfahren sind, obwohl sie nicht verschwunden sind, in dieser Tradition heute keineswegs dominant, sondern eher in den Hintergrund getreten; in der Kirchenmusik leben sie allerdings weiter, wie sie auch an verschiedenen Stellen der Neuen Musik hervortreten. Demgegenüber ist das Komponieren von musikalischen Werken das bestimmende Paradigma der gegenwärtigen musikalischen Praxis in der Tradition der europäischen Kunstmusik.

III.

Kommen wir nun zum spiegelbildlichen Fall – zur Frage, wie es um die Komposition, verstanden als das Komponieren von Werken, im Jazz steht. Eine wichtige Vorentscheidung muss ich zunächst erwähnen: Ich blende an dieser Stelle die so genannten Standards im Jazz erst einmal aus. Das Spielen von Standards ist, wenn man genötigt wäre, eine Praxis als paradigmatische herauszugreifen, sicherlich die paradigmatische Praxis des Spielens von Jazz. Warum blende ich sie also an dieser Stelle aus? Ich blende sie hier aus, weil es mir erst auf der Grundlage einer weiter gehenden Explikation des Werkbegriffs sinnvoll zu sein scheint, sich der Frage zu stellen, inwieweit es sich bei ihnen um Werke handelt, und diese Frage, an-

25 Vgl. hinsichtlich der Bedeutung der Improvisation selbst noch für einen vergleichsweise späten Komponisten wie Ludwig van Beethoven, der zum Paradigma des Werkkonzepts gemacht wurde, etwa Meredith Williams, »Beethoven's Creativity: His Improvisations«, in: *Beethoven Newsletter* 1 (1986), S. 25-28. William Kinderman, »Improvisation in Beethoven's Creative Process«, in: Bruno Nettl, Gabriel Solis (Hg.): *Musical Improvisation. Art, Education, and Society*, Urbana-Champaign 2009, S. 296-311. Lewis Lockwood, *Beethoven. Sein Leben, seine Musik*, Kassel 2009, S. 219-224. Ich danke Frédéric Döhl für diese Hinweise.

ders als hinsichtlich der Fälle, die ich gleich nennen werde, ziemlich schwierig zu beantworten zu sein scheint. Die Frage, ob Standards Werke sind oder nicht, werde ich im nächsten Kapitel diskutieren. Festgehalten werden kann gleichwohl an dieser Stelle Folgendes: Wenn es sich bei Standards um Werke handeln würde, so wäre die Idee, dass Komposition nicht wesentlich für den Jazz sei, von vornherein zum Scheitern verurteilt. Denn ein ganz wesentlicher Teil nicht allein der Ausbildung zum Jazzmusiker besteht in der Einübung in das Spielen von Standards. Stellen wir die Frage, wie das Spielen von Standards zu beschreiben ist, aber erst einmal zurück: Gibt es im Jazz Komposition in dem Sinne, dass hier Werke hervorgebracht worden sind?

Die Antwort lautet: Ja, es gibt sie. Man kann hier vor allem an die historischen Big Bands der Swing-Ära denken, aber auch an gegenwärtige Big-Band-Musik. Bei der Big-Band-Musik handelt es sich häufig nicht um Kollektivimprovisationen, sondern vielmehr um das Spielen von ausnotierten und durcharrangierten Kompositionen. Duke Ellingtons Big Band hat ausgesprochen elaborierte Kompositionen gespielt, die in Sachen Komplexität der Stimmenführung und Instrumentierung an die großen Orchesterwerke der europäischen Kunstmusik erinnern. Die Kompositionen von Maria Schneider, Peter Herbolzheimer, Bob Mintzer und von Thad Jones und Mel Lewis sind jüngere Beispiele für komponierte Big-Band-Musik. Es gibt natürlich im Jazz auch Musik großer Ensembles, die nicht komponiert ist. Im Free Jazz haben viele große Ensembles wie etwa die verschiedenen Gruppen von Sun Ra kollektiv improvisiert und nicht ausnotierte Kompositionen gespielt. Aber dass Musik für große Ensembles durchkomponiert und durcharrangiert ist, ist auch im Jazz kein exotischer Sonderfall. Festgehalten werden muss natürlich, dass im Rahmen der meisten Kompositionen und Arrangements für Big Band durchaus Raum für kürzere Soloimprovisationen ist. Häufig sind mehr oder weniger ausgiebige Soli von Blasinstrumenten vorgesehen. Aber diese machen keineswegs den Jazzcharakter der Big-Band-Musik aus. Sie sind zwar kein bloßes Ornament. Sie sind aber ebenfalls kein Nukleus dieser Musik, dem gegenüber das Übrige nur schmückendes Beiwerk wäre. Komposition ist somit auch für bestimmte Stile des Jazz wesentlich.

Aber gibt es auch Jazzperformances ohne jede Improvisation, so minimal sie auch sein mag? Mit Blick auf die bisherigen Überlegungen könnte man nämlich immer noch der Meinung sein, dass Improvisation eine notwendige Bedingung für Jazz ist. Aber das ist sie nicht: Es gibt auch Jazzperformances ohne jede Improvisation. Man kann hier noch einmal an die Big-Band-Musik denken. Auch in dem Fall, in welchem bei einer Performance einer Big Band nicht improvisiert wird, führt das nicht notwendig dazu, dieser Performance den Jazzcharakter abzusprechen. Würden wir so etwas sagen, würden wir einfach ein zwar zweifelsohne wesentliches Merkmal des Jazz zu einer notwendigen Bedingung des Jazz umdeuten. Wir können derartige Performances nämlich durchaus als Jazzperformances identifizieren und würden, wenn wir einwandfrei festgestellt haben, dass hier keine Improvisation im Spiel war, nur aus theoretisch fragwürdigen Beweggründen diese Zuordnung bestreiten wollen. Der Jazzcharakter der Big-Band-Musik kommt in diesen Fällen aufgrund anderer Aspekte der Musik zustande – ihres Swing, des Sounds der Instrumentierung, der für Big-Band-Musik üblichen Form und vielem mehr. Es gibt also nicht nur komponierten Jazz, sondern es gibt sogar Jazzperformances ohne jede Improvisation. Vielleicht gilt das besonders für Big-Band-Musik, weil die musikalische Interaktion in großen Ensembles schnell besonders komplex wird. Aber selbst wenn dem so sein sollte, rettet das nicht die These, dass Improvisation eine notwendige Bedingung dafür ist, dass wir es mit einer Jazzperformance zu tun haben. Das Argument lautet also wie folgt: Big-Band-Musik gilt als ein paradigmatischer Stil des Jazz. In vielen Performances von Big-Band-Musik gibt es wenig oder gar keine Improvisation. Also gibt es Jazz, der mit wenig oder sogar ohne Improvisation auskommt.

Die bisherigen Argumente zeigen, dass es nicht so ist, dass aller Jazz improvisiert und nicht komponiert ist und dass alle europäische Kunstmusik komponiert und nicht improvisiert ist. Gleichwohl kann man mit Blick auf den Jazz die Rolle der Improvisation doch noch etwas stärker explizieren. Auch wenn es so ist, dass nicht alle Jazz*performances* Improvisationen beinhalten müssen, so wären wir wahrscheinlich nicht geneigt, jemanden als Jazzmusiker zu bezeichnen, dem die *Fähigkeit* fehlt, zu improvisieren. Auch wenn er als Musiker in einer Big Band diese Fähigkeit faktisch nicht immer ausübt, so sollte er sie doch erworben haben. Wir müssen also zwischen der Fähigkeit und ihrer Ausübung in bestimmten Formaten und Stilen des Jazz unterscheiden. Aber diese Einschränkung betrifft nur die Redeweise davon, ob jemand ein Jazz*musiker* ist, nicht ob etwas eine Jazz*performance* ist. Um davon zu sprechen, dass jemand ein Jazzmusiker ist, würden wir eben erwarten, dass er in der Lage ist, zu improvisieren. Damit ist das vorgebrachte Argument, dass Improvisation keine notwendige Bedingung für Jazz ist, aber keineswegs konterkariert. Denn es ist schon erfüllt, wenn wir zugestehen, dass es Jazzperformances gibt, die ohne Improvisation auskommen. Die bisherigen Ausführungen haben dabei immer wieder die Frage der Improvisation und Komposition als verbunden mit der Frage von Performance und Werk diskutiert. Dieser Frage möchte ich nun im folgenden Kapitel explizit nachgehen.

Kapitel 3
Werk und Improvisation

Es gibt spätestens seit dem Beginn des 19. Jahrhunderts eine kompositorische Tätigkeit, die als das Erschaffen musikalischer Werke verstanden wird. Ihr gegenüber steht eine Tätigkeit, in deren Rahmen durch Improvisation Performances hervorgebracht werden, die keine Instanziierungen von Werken sind. Mit Blick auf das letzte Kapitel ist bereits deutlich geworden, dass dieser Kontrast keineswegs den Unterschied zwischen europäischer Kunstmusik und Jazz aufklären kann. Komponierte Werke gibt es auch im Jazz, wie es Improvisationen auch in der europäischen Kunstmusik gibt. Ziel dieses nun folgenden Kapitels ist es, diese Unterscheidung im Sinne einer schroffen Gegenüberstellung fragwürdig werden zu lassen. Die These, die ich entwickeln werde, lautet: Das Verhältnis von Performances, die Darbietungen von Werken sind, zueinander ist von derselben Logik bestimmt, die für die Elemente der improvisierten Performances und auch für das Verhältnis dieser Performances zueinander charakteristisch ist. Anders gesagt: *Im Jazz tritt ein wesentliches Merkmal musikalischer Praxis überhaupt expliziter zutage als in der Tradition europäischer Kunstmusik, ein Merkmal, das gleichwohl auch für diese bestimmend ist.* Mir ist klar, dass diese These hier zunächst sehr überraschend und vielleicht sogar befremdlich klingen mag. Sie wird erst im Rahmen der Argumentation tatsächlich verständlich werden. Ich habe mich dazu für einen bestimmten Aufbau der Argumentation entschieden. Ich beginne zunächst mit einer Diskussion des Werkparadigmas und werde zeigen, dass sich die einschlägigen Optionen, die einer Klärung der Kategorie des Werks gelten, in Aporien, das heißt ausweglosen Widersprüchen, verstricken. Dann rekonstruiere ich die vielleicht paradigmatische Form der Improvisation im Jazz, das Improvisieren über Standards. Man könnte meinen, es handelt sich bei ihnen um etwas Werken Vergleichbares. Wie ich geltend machen werde, verhält sich die Situation in Wahrheit aber andersherum: Nicht im Rahmen etablierter Explikationen des Werkkonzepts lässt sich das Spielen von Standards verständlich machen, sondern im Rahmen einer Explikation dessen, was es heißt, Standards zu spielen, lässt sich das Werkkonzept verständlich machen. Was im Jazz hinsichtlich des Improvisierens über Standards deutlich wird, gilt letztlich auch für die Performances, die wir als Aufführungen von Werken qualifizieren. Um es schon hier einmal deutlich zu sagen: Ich behaupte damit keineswegs, dass Improvisationen und Darbietungen von Werken dasselbe sind. Das wäre ein Verschleifen eines wichtigen Unterschieds, von dem unsere gegenwärtige musikalische Praxis geprägt ist. Ich behaupte aber, dass sie grundsätzlich einer identischen Logik gehorchen und ihr Unterschied ein Unterschied der Form und nicht des Inhalts der musikalischen Praxis ist.[1] Dadurch wird es möglich, sowohl den Kontrast zwischen beiden als auch ihre wesentlichen Gemeinsamkeiten in den Blick zu rücken. Ich werde also zunächst der Frage nachgehen, was Werke sind (I.). Dann werde ich klären, was es heißt, Standards zu spielen (II.). Von der in der Rekonstruktion des Spielens von Standards ausgewiesenen Logik werde ich schließlich behaupten, sie mache auch das Spielen von Werken verständlich (III.).

1 Wie dieser Gedanke zumindest von seiner grundsätzlichen Richtung her zu verstehen ist, lässt sich anhand einer Analogie klarmachen. John McDowell hält in seinem epochemachenden Buch *Mind and World* fest, dass in der Wahrnehmung wie im Denken dieselben begrifflichen Vermögen im Spiel sind. Rezeptivität und Spontaneität sind nicht zwei separate Vermögen, sondern vielmehr zwei unterschiedliche Formen ein und desselben Vermögens. Die Unterschiedlichkeit lässt sich so erläutern, dass die begrifflichen Vermögen im Fall des Denkens auf aktive Weise, im Fall der Wahrnehmung hingegen auf passive Weise im Spiel sind. Wenn ich im Folgenden von zwei Formen einer musikalischen Praxis spreche, so schwebt mir etwas Ähnliches vor wie das, was McDowell im Rahmen seiner Argumentation geltend macht. Natürlich geht es im vorliegenden Zusammenhang nicht um begriffliche Vermögen und ihr mögliches aktives oder passives Im-Spiel-Sein. Es geht vielmehr um eine musikalische Praxis, deren Logik in der einen Tradition explizit ist, wohingegen sie in der anderen Tradition implizit ist, und darum, dass das jeweilige Explizit-Sein beziehungsweise Implizit-Sein ein wesentliches Moment dieser Praxis ausmacht. Und von Explizitheit und Implizitheit könnte man – so der Gedanke der Analogie – sagen, dass sie in gewisser Weise eine analoge Rolle zur Aktivität und Passivität im Rahmen von McDowells Überlegungen spielen. Vgl. zu McDowells Punkt John McDowell, *Mind and World*, Cambridge/Mass., London 1996, v. a. Lecture 1.

I.

Zunächst also zur Frage, was musikalische Werke sind. Ich hatte bereits festgehalten, dass die Tatsache, dass in der europäischen Kunstmusik und, wie wir gesehen haben, auch in Teilen des Jazz Werke komponiert werden können, gewichtige historische Entwicklungen voraussetzt. Bestimmte und paradigmatische Bereiche unserer musikalischen Praxis als solche zu verstehen, in denen Werke geschaffen werden, ist unter historischer Perspektive nicht selbstverständlich.[2] Dass wir über die Kategorie des Werks verfügen, ist Ergebnis der musikgeschichtlichen Entwicklungen der letzten dreihundert Jahre. Bach konnte noch kein Verständnis seiner musikalischen Tätigkeit als eines Erschaffens von Werken haben, auch wenn wir seine Musik heute als Werke behandeln. Man könnte auf den Gedanken kommen, dass sich aufgrund der Tatsache, dass die Kategorie des Werks zu einem historisch relativ späten Zeitpunkt entstanden ist, die Konsequenz ziehen ließe, dass das Konzept des Werks als eine bloße Fiktion enttarnt werden könne. Das ist aber letztlich kein überzeugender Schachzug. Denn diese Konsequenz könnte man nur ziehen, wenn sich unsere Praxis als eine entwickelt hätte, die ohne das Konzept des Werks auskommt. Das ist aber nicht der Fall: Auch wenn man als Anhänger einer avantgardistischen Ästhetik die Meinung vertreten könnte, dass der Werkbegriff eine »bloß« historische Erfindung sei und deshalb ad acta gelegt werden müsse, so ginge eine solche Behauptung an unserer Praxis vorbei. Sie wäre eine Empfehlung und keine Aussage über unsere Praxis. Ihr läge die falsche Annahme zugrunde, dass die historische Rekonstruktion der Genese einer bestimmten Praxis und ihrer Begriffe zugleich eine Delegitimation dieser Praxis bedeuten würde. Natürlich kann solch eine genealogische Perspektive, die aus einer Beschreibung der kontingenten Umstände der Entstehung eines Konzepts dessen Legitimation in Zweifel zieht, manchmal sehr fruchtbar sein.[3] Sie kann etwa dazu dienen, starre politische

2 Vgl. zur Genese des Werkkonzepts Goehr, *The Imaginary Museum of Musical Works*. Carl Dahlhaus, *Die Idee der absoluten Musik*, Kassel 1978. Carl Dahlhaus, *Die Musik des 19. Jahrhunderts*, Wiesbaden 1980.

3 Die beiden Autoren, die ein derartiges Vorgehen in mehr oder weniger systematischer Weise betrieben haben, sind Friedrich Nietzsche und im 20. Jahrhundert Michel Foucault. Vgl. etwa Friedrich Nietzsche, *Zur Genealogie der Moral*, Mün-

Verhältnisse aufzubrechen. Aber mit Blick auf das Konzept des Werks ist eine derartige Perspektive aus zwei Gründen nur bedingt hilfreich. Erstens (i) folgt aus der Tatsache, dass etwas zu einem bestimmten Zeitpunkt und in einem bestimmten Kontext entstanden ist, keineswegs, dass es sich dabei um eine bloße Fiktion handelt. Lässt man sich zu so einem Schluss hinreißen, legt man implizit einen unverständlichen Begriff der menschlichen Welt zugrunde.[4] Es wäre ein Begriff, der eine Perspektive von außen ins Spiel bringen würde und als Tatsachen nur das gelten ließe, was unabhängig vom Menschen ist und zudem in irgendeiner Weise auch noch als unveränderlich gedacht werden kann.[5] Eine solche Perspektive ist nicht nur deshalb unverständlich, weil sie faktisch unmöglich ist. Sie ist vor allem unverständlich, weil sie davon ausgeht, dass die menschliche Welt von einem Standpunkt, der der menschlichen Welt äußerlich und von ihr unabhängig ist, überhaupt noch als menschliche Welt identifizierbar wäre. Im philosophischen Fachjargon kann man auch sagen: Aus der Tatsache, dass Eigenschaften relational sind, folgt nicht, dass sie nicht objektiv sind. Verzichtet man auf diesen Fachjargon kann man die Konsequenzen dieses Gedankens wie folgt benennen: In der Welt gibt es nicht allein Atome und Gene, sondern auch Farben, moralische Werte und Kunstwerke mit ihren Eigenschaften.[6] Noch aus einem zweiten Grund (ii) ist eine genealogische Verabschiedung der Kategorie des Werks wenig aussichtsreich. Das Konzept des Werks ist ein Konzept, das einen durchaus gewichtigen Unterschied in unserer musikalischen Praxis markiert. Es markiert unter anderem einen wichtigen Unterschied zwischen paradigmatischer Musik in der Tradition europäischer Kunstmusik spätestens seit Beginn des 19. Jahrhunderts und den Performances des Jazz. Anstatt das Konzept des Werks einfach ad acta zu legen, sollten wir uns lieber fragen, wie genau es zu verste-

chen 1999. Michel Foucault, *Überwachen und Strafen. Die Geburt des Gefängnisses*, Frankfurt/M. 1994.

4 Die Überlegungen an dieser Stelle sind einem hermeneutischen Begriff der Welt verpflichtet, wie er bei Heidegger, Gadamer und McDowell entwickelt worden ist.

5 Vgl. in diesem Sinne Hilary Putnam, *Vernunft, Wahrheit und Geschichte*, Frankfurt/M. 1982, S. 75 ff.

6 Vgl. als Explikation eines derart reichhaltigen Begriffs der Welt insgesamt auch den Aufsatz von McDowell: John McDowell, »Ästhetischer Wert, Objektivität und das Gefüge der Welt«, in: ders., *Wert und Wirklichkeit. Aufsätze zur Moralphilosophie*, Frankfurt/M. 2009, S. 179-203.

hen ist. Solange keine gewichtigen Gründe dagegen sprechen, ist ein derartiges Vorgehen grundsätzlich bei Begriffen zu empfehlen, die in unserer Praxis eine wichtige Rolle spielen. Und wenn wir diese Frage beantworten können, kann sich durchaus erweisen, dass das Konzept des Werks in einseitiger Weise verstanden worden ist. Es kann sich, kurz gesagt, eventuell zeigen, dass der Kontrast zwischen Werk und improvisierter Performance gar nicht so stark ist, wie er zunächst aussieht. Genau das werde ich im Folgenden zeigen: Werk und Performance erweisen sich als zwei unterschiedliche Formen *einer* musikalischen Praxis, die sich aus historischen Gründen, denen ich an dieser Stelle nicht weiter nachgehen kann, ausdifferenziert hat.

Zu Beginn des ersten Kapitels hatte ich anhand des Beispiels von Ludwig van Beethovens *Pathétique* festgehalten, dass die Partitur mit Blick auf die Kategorie des Werks eine besondere Rolle zu spielen scheint. Der Gedanke war, dass sie darin besteht, sozusagen die nicht verhandelbaren Eigenschaften eines Werks und solche, in deren Hinsicht die einzelnen Performances abweichen dürfen, festzulegen. Sagt man etwas Derartiges, so wird man dazu angeregt, Werke als letztlich identisch mit Partituren zu verstehen. Damit ist natürlich nicht gemeint, dass Werke mit *einzelnen* Partituren identisch wären – denn wenn ich meine Partitur der *Pathétique* zerstöre, habe ich nur mein *Exemplar* der Partitur zerstört. Was die Partitur ontologisch, also in ihrem Sein, ist, erweist sich bereits selbst als schwierige Frage.[7] Gesetzt den Fall, wir könnten eindeutig klären, was eine Partitur ist, ist die These, dass Werke mit Partituren identisch sind, aber dennoch wenig aussichtsreich. Mindestens zwei Gründe sprechen dagegen. Zum einen (i) führt diese These letztlich zu einer revisionistischen Auffassung unserer Praxis. Schon das Spielen eines falschen Tons würde dafür sorgen, dass die Performance keine Darbietung des entsprechenden Werks mehr wäre.[8] Demgegenüber wären wir wohl eher geneigt, davon zu sprechen, dass eine miserable, aber mit Blick auf die Partitur richtige Performance in bestimmter Weise *weniger* eindeutig eine Darbietung des

7 Vgl. zu dieser Frage auch die Überlegungen von Maria E. Reicher, *Einführung in die philosophische Ästhetik*, Darmstadt 2005, Kapitel 4.

8 Nelson Goodmans nominalistisch verstandene Symboltheorie der Kunst führt explizit zu derartigen Konsequenzen. Vgl. Goodman, *Sprachen der Kunst*, v. a. Kapitel 5.

entsprechenden Werks ist als eine durchweg gekonnte Darbietung, bei der lediglich ein Ton falsch saß. In Letzterer scheint der Geist des Werks eher lebendig zu sein als in Ersterer. Wenn wir jetzt die Bedingung lockern und sagen, es dürfe halt einen falschen Ton geben, so kommen wir zu dem Problem, warum es dann nicht auch zwei oder drei falsche Töne geben darf. Jede Grenzziehung wäre hier willkürlich.[9] Bindet man stattdessen nun eine Antwort auf diese Frage naheliegenderweise daran, inwieweit die Darbietung des Werks noch durch seine Hörer als eine solche identifizierbar ist, so ist auch das nicht zufriedenstellend und zwar aus wiederum mindestens zwei Gründen. Erstens (ia) ist damit der theoretische Rahmen überschritten worden, denn man nimmt nun Zuflucht zum Beispiel bei Fragen der Hörerpsychologie. Die Werkidentität sollte aber doch ursprünglich eigentlich auf der Ebene der Partitur beantwortet werden. Zweitens (ib) haben unterschiedliche Hörer eine unterschiedliche Hörsozialisation, so dass sich umgehend die Frage stellt, wessen Urteil hier eigentlich von Belang ist. Damit taucht das Problem der Grenzziehung auf anderer Ebene wieder auf. Es lässt sich keineswegs durch Verweis auf so etwas wie eine natürliche Ausstattung des Menschen beantworten.[10] Das Hören von Musik ist nämlich keineswegs ein Vorgang, der auf biologischer oder neurophysiologischer Ebene und unabhängig von der historisch-kulturellen Prägung unseres Hörens quasi in reiner Form rekonstruiert werden könnte – eine derartige These gehört leider seit geraumer Zeit zu den großen Fiktionen populärwissenschaftlicher Forschung, auf die sich auch die Medien gerne stürzen und damit letztlich nur eine seichte Metaphysik kolportieren. *Was* man hört

9 Vgl. dazu auch Lydia Goehrs Analyse von Goodmans Gedanke, dass die Lockerung der strikten Bedingung dazu führen würde, dass Beethovens *Fünfte Symphonie* und *Three Blind Mice* letztlich ineinander kollabieren würden: Lydia Goehr, »›Three Blind Mice‹. Goodman, McLuhan and Adorno on the Art of Music and Listening in the Age of Global Transmission«, in: *New German Critique* 2 (2008), S. 1-32.

10 In den Begriffen McDowells gesprochen, meine ich hier natürlich die erstnatürliche Beschreibung, die Natur fälschlicherweise mit dem, was Sellars das Reich der Gesetze nennt, identifiziert. Damit wird der Raum der Gründe bereits vorgängig zu einer bloßen Illusion oder etwas Mystischem verklärt. Vgl. kritisch zu den Möglichkeiten einer erstnatürlichen Kunsttheorie auch Daniel M. Feige, »Kunst als Produkt der natürlichen Evolution?«, in: *Zeitschrift für Ästhetik und allgemeine Kunstwissenschaft* 1 (2008), S. 21-37.

und *wie* man hört, ist eher unter Rekurs auf Fragen der Ästhetik und der Kulturgeschichte erklärbar und keineswegs unter Verweis auf etwas, was auf der Stufe biologischer oder neurophysiologischer Forschungen beschreibbar wäre. Anders gesagt: Aus der Tatsache, dass unbestritten alles Wahrnehmen und Denken des Menschen neurophysiologisch verkörpert ist, folgt noch nicht die Art der Beschreibung, die wir von den entsprechenden Phänomenen zu geben haben.[11] Biologische und neurophysiologische Forschungen investieren in Wahrheit immer schon die in Frage stehenden ästhetischen und historischen Begriffe, wenn sie die zu erklärenden Phänomene nicht in systematisch verzerrter Form behandeln. Auch wenn man natürlich für die in Frage stehenden Unterschiede in irgendeiner Weise auch neurophysiologische Korrelate finden kann, so bleiben neurophysiologische Beschreibungen dieser Unterschiede parasitär mit Blick auf eine ästhetische oder kulturgeschichtliche Beschreibung. Wer in solchen Äußerungen nun ein Sakrileg mit Blick auf die Leistung naturwissenschaftlicher Forschung sieht, hat nicht verstanden, dass es dabei nicht um eine Schmälerung der Leistungen naturwissenschaftlicher Forschung geht, sondern vielmehr darum, gegen einen schlechten, weil metaphysischen Gebrauch dieser Forschungen vorzugehen. Man sollte hier weniger von einer Schmälerung der Leistungen dieser Forschung sprechen – vielmehr drückt sich in diesen Sätzen Respekt vor ihren eigentlichen Leistungen aus. Diese bestehen gerade nicht darin, dass naturwissenschaftliche Beschreibungen sozusagen das kontextfreie Wesen der infrage stehenden Phänomene erfassen, wohingegen die anderen wissenschaftlichen Beschreibungen alle im Trüben der Geschichte fischen würden. Würde man das glauben, so würde man sich auf etwas festlegen, was selbst erstaunlich nah an einem vorwissenschaftlichen Weltbild mit seiner Hegemonie einer bestimmten Beschreibung gegenüber allen anderen Beschreibungen wäre.[12] In jedem Fall klang Johann Sebastian Bachs Musik zu seiner Zeit für Hörer ganz sicher anders, als sie für heutige Ohren klingt. Und für einen Hörer des 21. Jahrhunderts, der mit Bachs

11 Vgl. als aufschlussreiche nichtreduktionistische Variante einer monistischen Theorie des Geistes auch Donald Davidson, »Geistige Ereignisse«, in: ders., *Handlung und Ereignis*, Frankfurt/M. 1985, S. 291-320.

12 Vgl. in diesem Sinne nochmal die überzeugende Analyse John McDowells in »Ästhetischer Wert, Objektivität und das Gefüge der Welt«.

Formsprache vertraut ist, klingt die Musik ganz gewiss auch anders als für einen Hörer, der jahrelang nur *Minimal House* gehört hat. Kommen wir damit zu einem zweiten Problem (ii), das sich aus der These, dass Werke mit Partituren identisch sind, ergibt. Diese These operiert mit der Annahme, dass man Fragen der Identität eines Kunstwerks ohne Rückgriff auf die Frage, inwieweit eine Darbietung eines Werks *gelungen* ist oder nicht, beantworten kann.[13] Diese Annahme kann man aus guten Gründen in Zweifel ziehen. Denn sie behandelt musikalische Werke in etwa so, wie man Elemente in der Chemie oder Teilchen in der Physik behandelt: als etwas, was man definieren kann, ohne in einer derartigen Definition zugleich auf den *Wert* oder die *Qualität* dessen, was hier definiert wird, einzugehen. In philosophischen Fachbegriffen ausgedrückt, kann man sagen, dass man in diesen Fällen einen Begriff klassifikatorisch definiert. Mit Blick auf Elemente in der Chemie oder Teilchen in der Physik wäre es auch unverständlich, einen anderen Weg der Definition zu wählen: Es ergibt keinen Sinn, ein Element der Chemie als gelungen oder weniger gelungen zu erachten. Aber mit Blick auf die Darbietung musikalischer Werke verhalten sich die Dinge anders. Wenn wir Darbietungen musikalischer Werke so behandeln, dass wir sie zunächst neutral klassifizieren wollen und dann in einem zweiten Schritt noch bewerten, ist schon die Ebene der Beschreibung problematisch charakterisiert. Das ist nicht so gemeint, dass wir irgendwie subjektiv beschreiben würden oder unsere Beschreibung von persönlichen Vorlieben gefärbt wäre und deshalb keine Neutralität gewährleistet werden könne. Es ist vielmehr so gemeint, dass wir *schon in der Beschreibung von Darbietungen musikalischer Werke auf Unmengen von Prädikaten zurückgreifen, die einen bewertenden Charakter haben.*[14] Prädikate bezeichnen Eigenschaften, die wir einem Gegenstand zuschreiben. Mit Blick auf die Darbietung musikalischer Werke kennzeichnen wir mit derartigen Prädikaten häufig das Werk selbst, wie es im Rahmen der jeweiligen Darbietung artikuliert wird – aber nicht immer,

13 Eine derartige These vertritt in der Kunstphilosophie zum Beispiel George Dickie. Vgl. George Dickie, *Evaluating Art*, Philadelphia 1988.

14 Vgl. zur Analyse ästhetischer Prädikate auch Frank Sibley, »Aesthetic Concepts«, in: *The Philosophical Review* 4 (1959), S. 421-450. Vgl. als Vorschlag einer Klassifikation, wenn man denn ein Faible für Klassifikationen hat, auch Reicher, *Einführung in die philosophische Ästhetik*, S. 56 ff.

denn schließlich können wir zwei sich ausschließende Prädikate benutzen, so dass wir meinen, das Werk selbst sei »gelungen«, wohingegen die entsprechende Darbietung »misslungen« sei. Worum es mir an dieser Stelle gleichwohl geht, ist folgender Punkt: Wenn wir Prädikate wie »schön«, »erhaben«, »elegant« und »tief« verwenden, so beschreiben wir im Regelfall positive Werteigenschaften. Prädikate wie »zerrissen«, »verstörend« und »gewagt« meinen hingegen zumeist Eigenschaften, die je nach Kontext entweder in positiver oder negativer Weise gebraucht werden können. Der Verweis darauf, dass wir bereits in der bloßen Beschreibung auf ein Vokabular zurückgreifen, das zu nicht geringen Anteilen evaluativ ist, legt nahe, dass wir hier die ontologischen Fragen nicht sauber von Fragen der Bewertung unterscheiden können. Dass wir derart über Kunstwerke wertend sprechen, darf dabei nicht als bloß empirischer Punkt missverstanden werden. Es ist vielmehr Ausdruck davon, dass wir künstlerische Objekte und Ereignisse nicht wie bloß vorhandene, quantifizierbare Gegenstände abzählen können, sondern dass es sich beim Kunstbegriff grundsätzlich um einen Wertbegriff handelt.

Alles spricht dafür, dass Werke nicht mit Partituren identisch sind. Die naheliegende Option, Werke mit einzelnen Performances zu identifizieren, ist aber auch verbaut. Denn damit würde man die Kategorie des Werks letztlich fallen lassen. Die Identifizierung des Werks mit einer einzelnen Performance wäre nicht verträglich mit dem für das Konzept des Werks wesentlichen Gedanken, dass Werke von verschiedenen Darbietungen instanziiert werden können. Zwar reden manche Kritiker von so etwas wie einer »definitiven« Darbietung eines Werks. Aber eine derartige Redeweise hat offensichtlich primär einen normativen, das heißt positiv bewertenden und zugleich empfehlenden Sinn. Sie meint nicht, dass es danach keine weiteren Darbietungen des Werks mehr geben wird. Scheidet die Instanz der Partitur und der Performance aus, so drängt sich noch eine dritte und letzte Kategorie auf, mit der man Werke identifizieren könnte: die Kategorie des Komponisten. Werke haben nämlich nicht allein zu Partituren und Performances, sondern auch zum Komponisten ein besonders inniges Verhältnis. Das lässt sich etwa anhand folgender Überlegungen nachweisen: Wenn ein Komponist der Neuen Musik eine Partitur produziert, die mit der Partitur einer Fuge von Bach identisch ist, und auch die Darbietung sich in ihren klanglichen Eigenschaften nicht unterscheidet, so hat er dennoch ein neues Werk geschaffen.[15] Das Werk des Komponisten Neuer Musik könnte zum Beispiel über die musikgeschichtliche Entwicklung nach Bach, über den Umgang der Neuen Musik mit der Tradition oder Ähnliches sein – etwas, worüber Bachs Musik allein schon deshalb nicht sein könnte, weil Bezüge zu historisch späteren Entwicklungen der Musikgeschichte dafür nötig sind. Ein anderes Gedankenexperiment: Auch wenn zwei Komponisten zum selben Zeitpunkt und gleichwohl völlig unabhängig voneinander kontingenterweise zwei identische Partituren erschaffen, so sind hier sicherlich zwei Werke erschaffen worden. Es sind aber gewiss nicht zwei Exemplare eines Werks erschaffen worden, so wie das eine Werk auch kein Plagiat des anderen ist. Wenn Werke nicht mit Partituren und einzelnen Performances identisch sind, so könnte sich deshalb der Gedanke aufdrängen, dass sie mit so etwas wie Ideen im Geiste des Komponisten identisch sind.[16] Aber auch diese Auffassung ist zum Scheitern verurteilt. Zwei Bemerkungen scheinen mir an dieser Stelle hilfreich zu sein, um das zu zeigen. Die Auffassung, das Werk sei mit der Idee im Geiste des Komponisten identifizierbar, legt erstens (i) den problematischen Gedanken nahe, dass Aspekte der Verkörperung von Werken in Form von Partituren oder Performances mit den Werken selbst begrifflich nichts zu tun hätten. Das würde aber ermöglichen, dass der Komponist ein ganz anderes Werk im Geist haben könnte als das, welches notiert und öffentlich dargeboten worden ist. Das andere, »geistige« Werk wäre die Wahrheit des ausgedrückten Werks. Dieser Gedanke ist aber gar nicht verständlich, sondern beruht auf einem problematischen Gebrauch des Begriffs der Idee: Ohne dass hier etwas in irgendeiner Weise verkörpert wird, würden wir noch nicht einmal sagen, dass der Komponist überhaupt eine Idee hat. Denn damit etwas eine Idee ist, muss es etwas Bestimmtes sein, was sich von anderen Ideen unterscheidet. Und eine derartige Bestimmtheit kann nur so erläutert werden, dass eine Idee öffentlich ausgedrückt wird. Die

15 Vgl. für diese Überlegungen noch einmal Danto, *Die Verklärung des Gewöhnlichen*. Sowie Arthur C. Danto, »The Artworld«, in: *The Journal of Philosophy* 19 (1964), S. 571-584.

16 Eine derartige These hat unter Rückgriff auf Überlegungen von Croce etwa Robin G. Collingwood vertreten. Vgl. Robin G. Collingwood, *The Principles of Art*, Oxford 2010.

Vorstellung einer Idee, die prinzipiell ihrer Artikulation entzogen wäre, ist sinnlos. Wenn man den Begriff der Idee beibehalten wollte, müsste man vielmehr etwas anderes sagen: Werke können nur insofern als Ideen im Geiste des Komponisten qualifiziert werden, insofern sie gerade nicht »bloß« Ideen im Geiste des Komponisten sind, sondern immer schon öffentlich, in Form von Partituren und Performances artikuliert sind. In dem Gedanken, dass Werke mit Ideen im Geiste ihrer Komponisten identisch sind, steckt eine unplausible Theorie des Geistes, insofern Geist hier implizit als etwas Privates und Nichtöffentliches begriffen wird.[17] Zweitens (ii) folgt aus der Tatsache, dass Werke nicht mit Ideen im Geiste ihrer Komponisten identisch sind, natürlich nicht, dass der Prozess der Erschaffung eines Werks so beschrieben werden sollte, dass hier etwas im Vorhinein Bestimmtes ausgedrückt würde. Im Gegenteil: Erst der Prozess bringt hier etwas hervor, was der Verweis auf die Idee des Komponisten in problematischer Weise als vor dem Prozess gelegen situiert. Wenn jemand ein schlechtes Werk komponiert hat, hat er nicht die Idee eines guten Werks schlecht ausgedrückt – es hat sich vielmehr in der und durch die Verkörperung erwiesen, dass es ein schlechtes Werk gewesen ist.[18] Es gilt also: Versteht man musikalische Werke als Ideen im Geiste des Komponisten derart, dass sie begrifflich nichts mit Aspekten ihrer Verkörperungen in Form von Partituren und Performances zu tun haben, ist man im Vorhinein auf verlorenem Posten.

Die bisherigen Überlegungen haben gezeigt, dass es wenig aussichtsreich erscheint, das musikalische Werk mit der Partitur, der Performance oder einer Idee im Geiste des Komponisten zu identifizieren. Zugleich scheint der Gedanke unverzichtbar, dass es in einem innigen Verhältnis zu Partitur, Performance und Komponist steht. Was aber sind Werke dann, wenn sie mit keiner dieser drei

17 Vgl. kritisch zu einer derartigen Konzeption von Geist G. W. F. Hegel, *Phänomenologie des Geistes*, Frankfurt/M. 1986, zum Beispiel S. 263 ff., wo das Scheitern verschiedener Figuren einer individualistisch erläuterten praktischen Vernunft vor Augen geführt wird. Andere Argumente gegen die Privatheit und Nichtöffentlichkeit des Geistigen finden sich bei Ludwig Wittgenstein; vergleiche vor allem das bekannte Privatsprachenargument in Wittgenstein, *Philosophische Untersuchungen*, §§ 243 ff.

18 Vgl. in diesem Sinne auch Pippins hegelianisch orientierte Überlegungen zur Handlungstheorie: Robert Pippin, *Hegel's Practical Philosophy. Rational Agency as Ethical Life*, Cambridge, New York u. a. 2008, v. a. Kapitel 6.

Instanzen ihrer Verkörperung identisch sind? Die Richtung, die der Mainstream der Philosophie der Musik in der zweiten Hälfte des 20. Jahrhunderts zur Beantwortung dieser Frage eingeschlagen hat, bestand darin, Werke in irgendeiner Weise als *abstrakte* Gegenstände zu begreifen.[19] Eine derartige Antwort lässt sich im Sinne einer platonistischen Position in der Musikphilosophie charakterisieren. Platon war der Auffassung, dass wir die Bedeutung von Begriffen nur so verstehen können, dass sie eine derartige Bedeutung von etwas Allgemeinem empfangen, das im wörtlichen Sinne nicht von dieser Welt ist. Dass wir allgemeine Begriffe wie »grün« oder »Mensch« zutreffend auf Phänomene der empirischen Welt anwenden können, liegt daran, dass die entsprechenden Phänomene an der Idee des Grünen oder der Idee des Menschen teilhaben. Der heutige musikphilosophische Platonismus geht natürlich im Regelfall nicht mehr davon aus, dass abstrakte Gegenstände in einer anderen Welt als der unsrigen existieren. Was genau es heißt, dass musikalische Werke als abstrakte Gegenstände existieren, ist allerdings alles andere als klar. Auf die Tatsache, dass musikalische Werke weder mit Partituren noch mit einzelnen Performances noch mit Ideen des Komponisten identisch sind, hat der Mainstream der Musikphilosophie also derart reagiert, dass er Gegenstände angenommen hat, die in ihrer Seinsweise einen umstrittenen Status haben.[20] Behandelt man musikalische Werke in irgendeiner Weise als abstrakte Gegenstände, so handelt man sich nämlich spiegelbildliche Probleme zu den Problemen ein, die sich aus einer Identifikation musikalischer Werke mit Partituren, Performances oder Ideen

19 Dass diese Position keineswegs eine Minderheitenposition ist, lässt sich an der Liste hochkarätiger Vertreter der analytischen Musikästhetik ablesen, die eine derartige Position vertreten oder vertreten haben. Vgl. als paradigmatische Positionen in diesem Sinne Peter Kivy, »Platonism in Music. A Kind of Defense«, in: ders., *The Fine Art of Repetition. Essays in the Philosophy of Music*, Cambridge, New York u.a. 1993, S.35-58. Jerrold Levinson, »What a Musical Work is«, in: ders., *Music, Art, and Metaphysics*, Ithaca 1990, S.63-88.

20 Treffsicher zu diesen Problemen und ihren Grundlagen ist Goehr, *The Imaginary Museum of Musical Works*, Part 1. Vgl. als kritische Auseinandersetzung mit der problematischen Stoßrichtung solcher Positionen auch Alessandro Bertinetto, »Paganini Does not Repeat. Musical Improvisation and the Type/Token Ontology«, in: *Teorema* 3 (2012), S.105-126. Alessandro Bertinetto, »Musical Ontology: A View through Improvisation«, in: *Cosmo. Comparative Studies in Modernism* 2 (2013), S.81-101.

von Komponisten ergeben. Denn wie verhalten sich solche Gegenstände genau zu Partituren, Performances und Komponisten, zu denen sie doch auf die eine oder andere Weise ein inniges Verhältnis haben? Und können solche Gegenstände überhaupt geschaffen werden, oder ist es nicht vielmehr so, dass sie bloß entdeckt werden können?[21] Derartige Fragen scheinen musikalische Werke in zu große Distanz zu Partitur, Performance und Komponist zu bringen. Sie stellen uns vor ausgesprochen unproduktive Alternativen. Unproduktiv sind derartige Alternativen, weil sie eigentlich keinerlei Bezug mehr zur musikalischen Praxis aufweisen und mit Blick auf diese auch gar nicht mehr entscheidbar sind. Überzeugungen darüber, welche Arten von Gegenständen es gibt und wie die Seinsweise solcher Gegenstände zu erläutern ist, regeln hier vorgängig die Beschreibung der musikalischen Praxis. Anders formuliert: In Wahrheit werden hier keine musikphilosophischen Probleme gelöst, sondern vielmehr Musik auf eine bloße Illustration ontologischer Thesen reduziert.[22] Dieser Einwand, dass der musikphilosophische Platonismus an der musikalischen Praxis vorbeigeht, ist natürlich nicht so zu verstehen, dass unsere musikalische Praxis gegenüber philosophischer Kritik sakrosankt wäre. Ein Rekurs auf unsere Praxis kann nicht heißen, dass man unkritisch im Vorhinein jedes Moment dieser Praxis durch sein Vorhandensein als philosophisch legitimiert begreift. In irgendeiner Weise sollten aber die philosophischen Aussagen zu wesentlichen Aspekten dieser Praxis in einem angemessenen Verhältnis stehen. Auch wenn das, was als

21 Explizit vertritt eine derartige These nicht allein Nicholas Wolterstorff, sondern auch der in jüngeren musikphilosophischen Debatten sehr einflussreiche Peter Kivy. Vgl. Nicholas Wolterstorff, *Works and Worlds of Art*, Oxford 1980. Peter Kivy, *Introduction to a Philosophy of Music*, Oxford, New York 2002.

22 Diesem Problem erliegen nicht nur Ansätze, die Fragen der Musikästhetik über ontologische Diskussionen, die eigentlich mit ihnen gar nichts zu tun haben, zu beantworten suchen. Mit einem vergleichbaren Problem sind alle Beiträge konfrontiert, die aufgrund theoretischer Weichenstellungen, die mit Fragen der Musikästhetik eigentlich gar nichts zu tun haben, bestimmte Aspekte unserer musikalischen Praxis für sakrosankt oder verfehlt erklären. Dieser Einwand trifft auch Aspekte der Argumentation von Matthias Vogel, denn er behauptet auf der Basis transzendentaler sprachphilosophischer Argumente schlichtweg die Sinnlosigkeit nicht geringer Teile unserer eingespielten Praxis des Sprechens über Musik. Vgl. Matthias Vogel, »Nachvollzug und die Erfahrung musikalischen Sinns«, in: Alexander Becker, Matthias Vogel (Hg.), *Musikalischer Sinn. Beiträge zu einer Philosophie der Musik*, Frankfurt/M. 2007, S. 314-368.

wesentlicher Aspekt einer Praxis gilt, selbst nicht unverhandelbar ist, so folgt aus dieser Einsicht nicht, dass man einfach willkürlich Aspekte einer Praxis zu wesentlichen oder unwesentlichen stipulieren kann. Der *praktische* Charakter einer Praxis besteht nämlich vor allem darin, dass das, was als wesentlicher und was als unwesentlicher Aspekt dieser Praxis gilt, keiner theoretischen Begründung bedarf, sondern vielmehr die *Grundlage* für Begründungen darstellt. Das ist so, obwohl die Praxis gerade nicht durch eine inhaltliche Entscheidung hinsichtlich der Unterscheidung wesentlicher und unwesentlicher Aspekte fundiert wird. Statt also auf Fragen nach der Seinsweise musikalischer Werke als abstrakter Gegenstände eine Antwort zu geben, werde ich einen anderen Weg wählen, um die Frage zu beantworten, was Werke sind. Dieser Weg mutet auf den ersten Blick sicherlich ungewöhnlich an. Er lässt sich als indirekter Weg beschreiben: Ich stelle angesichts der scheinbar ausweglosen Situation hinsichtlich der Frage, was musikalische Werke sind, eine Antwort zunächst zurück und werde mich stattdessen nun einer Analyse der Improvisation im Jazz, vor allem anhand einer Beschreibung der Improvisation über Standards, widmen. Meine These ist gleichwohl: *Von einer Analyse der Improvisation im Jazz aus lässt sich auch eine Antwort auf die Frage, was musikalische Werke sind, geben.* Warum lässt sich über eine Analyse der Improvisation im Jazz auch eine Antwort auf die Frage danach, was musikalische Werke sind, gewinnen? Das ist nicht deshalb möglich, weil Darbietungen von Werken und Improvisationen letztlich dasselbe wären. Es ist meines Erachtens vielmehr deshalb möglich, *weil sich im Jazz ein Moment musikalischer Praxis überhaupt explizit artikuliert findet, das auch die Praxis des Darbietens musikalischer Werke, wenn auch implizit, bestimmt.* Was sich im Rahmen der folgenden Analyse zeigen wird, ist, dass Werke und improvisierte Performances zwar durchaus unterschiedliche musikalische Praktiken sind, diese Unterschiedlichkeit aber allein einen Unterschied der Form musikalischer Praxis überhaupt darstellt.

II.

Damit komme ich zu einer Analyse der Logik der Improvisation im Jazz. Wie wir gesehen haben, gibt es zwar auch im Jazz Werke, und für einen Großteil der Big-Band-Musik spielt die Improvisation quantitativ keine größere Rolle als etwa die Praxis des Spielens von Ornamenten im Barock. Manchmal spielt sie sogar gar keine Rolle. Ich möchte diese Differenzierungen, so wichtig sie mit Blick auf die Unterschiedlichkeit dessen, was alles unter den Jazzbegriff fällt, auch sind, an dieser Stelle nun ausblenden. Ihnen galt das letzte Kapitel. Vielmehr möchte ich die für die musikalische Ausbildung wie auch für das Spielen vielleicht wesentlichste Praxis des Jazz nun genauer in den Blick nehmen: das Spielen so genannter Standards. Die Frage, die sich angesichts dieses – durchaus beweglichen und dynamischen – Kanons natürlich stellt, lautet: Ist die Praxis des Jazz damit nicht auch eine Praxis, in der Werke – eben jene Standards – dargeboten werden? Zweifelsohne gibt es im Jazz freie Gruppen- und Soloimprovisationen. Paradigmatisch sind in dieser Richtung viele Entwicklungen der 1960er Jahre, die dem Free Jazz zuzurechnen sind. Für diese Entwicklungen stehen so unterschiedliche Musiker wie John Coltrane, Ornette Coleman, Don Cherry, Archie Shepp, Albert Ayler und Cecil Taylor; gerade im Free Jazz hat sich zudem der europäische Jazz in besonders markanter Weise emanzipiert und mit Musikern wie etwa Peter Brötzmann oder solchen der jüngeren Generation wie Louis Sclavis eine charakeristische eigenständige Stimme entwickelt. Obwohl diese Entwicklungen keineswegs einen Sonderfall darstellen, ist die Praxis des Spielens von Standards im Jazz weiterhin omnipräsent. Selbst dann, wenn jemand später einen ganz anderen musikalischen Weg im Jazz geht, hat er doch im Regelfall einen Zugang zur Praxis des Improvisierens nicht zuletzt wohl auch durch das Spielen von Standards gewonnen. Ist das Spielen von Standards aber letztlich nicht doch ein Spielen von Werken?

Meine These lautet, dass Standards nur scheinbar mit musikalischen Werken vergleichbar sind – zumindest mit Blick auf das, was man üblicherweise in der Tradition europäischer Kunstmusik unter Werken versteht. Das lässt sich vor allem kontrastiv mit Blick auf die Rolle der Partitur beim Darbieten musikalischer Werke festhalten. Zwar sind Werke nicht mit Partituren identisch, aber man kann, wie wir gesehen haben, wohl nicht sinnvoll bestreiten, dass sie eine innige Beziehung zu diesen unterhalten. Beim Spielen von Standards gibt es demgegenüber keine Partituren. Noten tauchen vor allem in Form von Leadsheets auf, das heißt Notationen, in denen sich einige wenige Angaben finden. Dazu gehören im Regelfall die Melodie und Angaben zur harmonischen Struktur. Letztere finden sich keineswegs in Form ausnotierter Akkorde, sondern vielmehr in Form von Akkordsymbolen, die zumeist nur sehr grundsätzliche Angaben betreffen und bezüglich deren in der Jazzcommunity auch unterschiedliche Nomenklaturen herrschen. Das kann sich etwa wie folgt lesen: Die ersten vier ganztaktigen Akkorde von *Autumn Leaves* in Bb-Dur lauten etwa C-7, F7, Bbmaj7 und Ebmaj7. Ein anderes Beispiel, in dem noch weniger Akkorde angegeben sind, ist John Coltranes *Impressions*: Dort findet sich für die ersten 16 Takte nur die Angabe D-, für die nächsten 8 Takte dann die Angabe Eb- und für die letzten wiederum D-. In selteneren Fällen finden sich auch ausnotierte Basslinien oder Beispiele für mögliche Basslinien, *Piano Vamps* oder Ähnliches. So gibt es etwa bei Dizzy Gillespies Standard *A Night in Tunesia* eine charakteristische Basslinie. Herbie Hancocks *Cantaloupe Islands* lebt hingegen von einer charakteristischen rhythmisch-perkussiven Figur auf dem Klavier. Dass es sich bei derartigen Leadsheets keineswegs um Partituren handelt, lässt sich anhand verschiedener Argumente zeigen, von denen ich an dieser Stelle fünf anführen möchte.

Ein erstes Argument (i) lautet folgendermaßen: Zwar bildet ein Jazzmusiker seine Fähigkeit der Improvisation im Wesentlichen oder zumindest auch im Rahmen einer Auseinandersetzung mit einem für den Jazz spezifischen Kanon aus. Jazz zu spielen heißt immer auch, sich zu diesem Kanon zu verhalten. Aber daraus folgt noch nicht, dass die Leadsheets von Standards mit Partituren vergleichbar wären, wie sie etwa für Werke in der Tradition europäischer Kunstmusik seit dem 19. Jahrhundert relevant sind. Denn Leadsheets spielen im Regelfall nur in der Ausbildung eines Jazzmusikers eine wesentliche Rolle, nicht aber in der Praxis des fortgeschrittenen Jazzmusikers. Ein fortgeschrittener Jazzmusiker hat nämlich zumeist einen Großteil der Standards memorisiert und ist nicht länger auf einen Notentext angewiesen. Dieses Argument hat natürlich seine Grenzen. Denn auch ein Performer, der ein Werk darbietet, muss nicht den Notentext vor sich liegen haben; er wird ihn, wenn er fortgeschritten ist, wahrscheinlich auch memorisiert haben. Dass die Lage im Jazz dennoch deutlich anders ist, lässt sich mit Blick auf ein zweites Argument (ii) festhalten: Viele der verwendeten Leadsheets sind nicht viel mehr als auf wenige Informationen reduzierte Transkriptionen einzelner paradigmatischer oder historisch besonders einflussreicher Performances. Selbst die Broadway-Songs, die sich unter den Standards finden, tauchen hier nicht in einer einzigen Fassung auf, die einfach auf wenige Angaben beschränkt wäre, aber ansonsten irgendwie den Charakter einer Partitur hätte. Vielmehr gibt es unterschiedliche Fassungen dieser Standards – Unterschiede, die wiederum nicht selten darauf zurückzuführen sind, dass sie sich an paradigmatischen Performances der Standards durch einzelne Jazzmusiker orientieren. Als drittes Argument (iii) lässt sich festhalten, dass es bei vielen Standards auch unterschiedliche Tonarten gibt, in denen sie üblicherweise gespielt werden. Mehr noch: Die meisten fortgeschrittenen Jazzmusiker sind sogar in der Lage, *jeden* Standard in *jeder* beliebigen Tonart zu spielen. Auch wenn das eine fortgeschrittene Praxis sein mag – die Tonart zu wechseln heißt keineswegs, einen Fehler zu machen oder nicht länger den entsprechenden Standard zu spielen. Ein viertes Argument (iv) radikalisiert den letzten Punkt: Man kann Standards auch in verschiedenen Taktarten – etwa in einem Siebenachtel anstelle eines Vierviertel – und in verschiedenen Stilen spielen – etwa als einen Bossa Nova anstelle eines Swing –, ohne dass man schon deshalb aufgehört hätte, den entsprechenden Standard zu spielen. Ein fünftes und letztes Argument (v) dürfte den Gedanken, dass Leadsheets Partituren sind, endgültig widerlegen: Nicht nur gibt es keine festgelegte Tonart, keinen festgelegten Rhythmus und sich mitunter widersprechende stilistische Angaben, sondern selbst die Harmonien auf dem Leadsheet sind nicht sakrosankt. Denn zumeist existieren unterschiedliche Versionen des Standards auch im Hinblick auf die Harmonien. Bestimmte Akkorde sind in diesem Leadsheet durch andere ersetzt, in jenem vereinfacht, in einem dritten wiederum noch einmal durch andere Akkorde ersetzt. Auch wenn dabei insgesamt die harmonische Struktur intakt bleiben sollte – und selbst wenn diese im Rahmen einer Performance verlassen wird, hat man nicht unbedingt aufgehört, den entsprechenden Standard zu spielen –, gibt es keinen Leadsheet, der so etwas wie eine Partitur wäre. Man stelle sich demgegenüber einmal vor, man würde Ludwig van Beethovens *Pathétique* mit einem C-Dur-Akkord beginnen und in dieser Tonart fortfahren. Variieren wir dieses Gedankenexperiment: Man spielt zwar einen C-Moll-Akkord, fügt aber im Verlauf des Spielens leichte oder größere harmonische Veränderungen ein. Das wäre dann definitiv keine Darbietung des Werks von Beethoven mehr, sondern es wäre, wenn es sich nicht einfach um einen Fehler handelt, hier vielmehr ein neues Werk erschaffen worden – etwa ein Werk, das sich reflexiv mit der Praxis des Spielens von Werken in der Tradition europäischer Kunstmusik dadurch auseinandersetzt, dass es Beethovens Klaviersonate in eigentümlicher Weise verfremdet und damit ein Werk über das Spielen von Werken wäre. Oder aber man hätte über die *Pathétique* improvisiert und sie gewissermaßen wie einen Standard behandelt – das wird im Jazz häufiger mit Popsongs gemacht, zum Beispiel auf Herbie Hancocks Album *The New Standard* oder auf späten Aufnahmen von Miles Davis. Was diese Überlegungen insgesamt zeigen sollen, ist Folgendes: Notationen sind im Jazz nur ein *Hilfsmittel* der musikalischen Praxis, die keineswegs den Status von Partituren haben. Transkribiert man eine Jazzperformance, so transkribiert man damit keine Partitur einer Aufführung eines Werks, sondern man hält vielmehr ein konkretes raumzeitliches Ereignis fest, das in anderer und innigerer Weise an den Augenblick gebunden ist, als das bei Werken zumindest auf den ersten Blick der Fall zu sein scheint. Derartiges Transkribieren und vor allem das genaue Nachspielen einer Improvisation ist zwar im Jazz gang und gäbe. Aber es erfüllt eine bestimmte Funktion vor allem mit Blick auf den Erwerb der Fähigkeit zur Improvisation und der Ausbildung eines persönlichen Stils. Nicht zuletzt dient das Nachspielen und Transkribieren der Schulung des eigenen Gehörs und der eigenen musikalischen Sensibilität – beides ist für die Improvisation unverzichtbar.

Dass das Spielen von Standards nichts mit dem von Werken im herkömmlichen Sinne zu tun hat, kann man sich auch über die Frage nach Partituren im Jazz hinausgehend klarmachen, wenn man fragt, was es heißt, einen *Fehler* in einer Jazzimprovisation zu machen.[23] Mit Blick auf das Spielen von Werken scheint es klar

23 Vgl. dazu auch ausführlicher Paul Rinzler, *The Contradictions of Jazz*, Lanham/Maryland, Toronto u. a. 2008, S. 144 ff. Vgl. außerdem die schöne Rekonstruktion von Alessandro Bertinetto: Alessandro Bertinetto, »Jazz als gelungene Perfor-

zu sein, dass man sich verspielen kann. Das ist eindeutig der Fall, wenn man eine falsche Note erwischt. Auch wenn dieser Fall mit Blick auf einen professionellen Musiker, anders als viele musikalische Laien denken, ein eher kontrafaktischer Fall sein dürfte, in dem der Laie seine technisch-handwerklichen Schwierigkeiten einfach auf einen Musiker projiziert, der mit derartigen Problemen gar nicht mehr zu kämpfen hat – bei einem derartigen Verspieler handelt es sich selbst dann, wenn die Gesamtbeurteilung einer Darbietung im Lichte anderer ihrer Eigenschaften dennoch als gelungen ausfallen kann, offensichtlich um einen Fehler. Im Jazz ist die Lage weitaus weniger klar. Denn reharmonisiert man einen Standard in der Performance, das heißt, ersetzt man Akkorde durch andere Akkorde oder verändert man die Melodie geringfügig oder auch in massiver Weise, hat man noch keinen Fehler gemacht. Anders gesagt: *Nichts an der harmonischen und melodischen Struktur eines Standards ist sakrosankt.* Der Improvisierende spielt wohl nicht allein die Melodie niemals ganz genau gleich im Rahmen zweier verschiedener Performances, sondern prinzipiell *jeder* Aspekt des Standards, der durch die musikalische Praxis zu einer bestimmten historischen Zeit vorgängig als relevant festgelegt wurde und vorgeben soll, was es heißt, diesen Standard zu spielen, steht in jedem Moment zur Disposition. Es gibt hier also keine Regel und keinen Mechanismus, anhand deren beziehungsweise anhand dessen man eindeutig entscheiden könnte, wann hier noch der entsprechende Standard gespielt wird und wann nicht mehr. Man kann sich zwar streiten, ob die Fassungen von *New York, New York* und *Like Someone in Love*, wie sie Django Bates eingespielt hat, tatsächlich noch ein Spielen dieser Standards darstellen – ich jedenfalls wäre der Meinung, dass das der Fall ist. Aber ganz gleich, ob man das bejaht oder bestreitet – dass es hier ernsthafte Meinungsverschiedenheiten geben kann, zeigt, dass das eben keine Frage fester Algorithmen oder starrer Regeln ist. Greifen wir noch einmal auf die einleitenden Beispiele für Standards zurück. Man hat nicht unbedingt aufgehört den Standard *Autumn Leaves* zu spielen, wenn man anstelle der Akkorde C-7, F7, Bbmaj7 und Ebmaj7 als Grundstruktur nur noch einen in Quarten gesetzten C-Moll-Akkord spielt, der auf der

mance. Ästhetische Normativität und Improvisation«, in: *Zeitschrift für Ästhetik und allgemeine Kunstwissenschaft* 1 (2014), i.E.

dorischen Tonleiter aufbaut, wenn man also, kurz gesagt, an dieser Stelle modal spielt. Modales Spiel meint eine Spielweise im Jazz, die sich in den 1950er Jahren entwickelt hat und die grundsätzlich so zu beschreiben ist, dass das Spiel weniger seinen Ausgangspunkt von harmonischen Progressionen als vielmehr von Tonleitern, so genannten Modi, nimmt.[24] Bei dem einleitend genannten Standard *Impressions* handelt es sich um einen paradigmatischen Standard des modalen Jazz; die zwei Akkorde, die in *Impressions* angegeben werden, nämlich D- und Eb-, stehen für die dorische Tonleiter in D- und die dorische Tonleiter in Eb-. Anders als mit Blick auf *Autumn Leaves* ist es so, dass auf harmonischer Seite hier nicht wirklich eine Choreographie vorgegeben ist, die von sich aus schon einen Spannungsbogen mitbringen würde. Einen solchen Spannungsbogen muss der Improvisierende in der jeweiligen Situation vielmehr selbst dadurch erzeugen, dass er etwa den entsprechenden Modus kurz oder auch länger verlässt und dann zu ihm zurückkehrt, was man *Inside-Outside* nennt. Natürlich ist auch bei *Autumn Leaves* letztlich kein Spannungsbogen definitiv vorgegeben – aber es liegt zumindest nahe, auch dessen harmonische Progression im Sinne einer Choreographie des Solos für einen solchen auszuschlachten. Der Knackpunkt ist: Man hat nicht unbedingt aufgehört, *Impressions* zu spielen, wenn man es konservativ funktionsharmonisch *on the spot* reharmonisiert, so wie man nicht unbedingt aufgehört hat, *Autumn Leaves* zu spielen, wenn man es modal spielt. Ebenso wenig hat man notwendigerweise aufgehört, *A Night in Tunesia* zu spielen, wenn man über der Basslinie eine offene Gruppenimprovisation stattfinden lässt oder sogar auf die Basslinie verzichtet und anstatt dessen Fragmente der Melodie vor dem Hintergrund einer komplexen Reharmonisation spielt. In irgendeiner Weise schließt das Spielen eines Standards an das frühere Spielen eines Standards an – gleich, ob es sich dabei um ein früheres Spielen handelt, das schon einmal in einem Leadsheet festgehalten worden ist. *Aber*

24 Beides schließt sich keineswegs aus – es ist eher eine Frage der Perspektive, unter der man auf Harmonien und Skalen schaut. Man kann nämlich sagen, dass Harmonien Skalen in vertikaler Form sind, wohingegen Skalen Harmonien in horizontaler Form sind. Aus dieser allgemeinen Beschreibung, die man unter der Perspektive der Harmonielehre vornehmen könnte, folgt aber natürlich noch nichts mit Blick auf die Unterscheidung von Bebop und modalem Jazz – höchstens, dass sich diese Sichtweise in Letzterem durchgesetzt hat.

welcher Aspekt eines Standards überhaupt ein wesentlicher Aspekt ist, wird in der Improvisation selbst ausgehandelt.

Wir kommen dem wesentlichen Moment der Improvisation im Jazz näher, wenn wir die skizzierte Idee, dass das, was es heißt, einen Standard zu spielen, in und von der Improvisation selbst ausgehandelt wird, als Ausdruck der *besonderen zeitlichen Logik der Improvisation* begreifen. Im letzten Kapitel hatten wir gesehen, dass die Fähigkeit zur Improvisation das Ergebnis komplexer Tätigkeiten der Einübung ist. Ich hatte festgehalten, dass zwar mechanische und routinemäßige Momente eine Rolle beim Erwerb der Fähigkeit der Improvisation spielen, dass aber der Weg hin zu einer eigenständigen musikalischen Stimme keineswegs linear ist. Dasselbe lässt sich auch hinsichtlich der Ausübung der Fähigkeit zur Improvisation in konkreten Situationen festhalten: Aus der Tatsache, dass mechanische und routinemäßige Momente eine Rolle beim Erwerb der Fähigkeit zur Improvisation spielen, folgt nicht, dass die Improvisation selbst eine mechanische und routinemäßige Praxis wäre. Natürlich können Improvisationen ins Mechanische oder Routinierte abgleiten. Aber Improvisationen, die derartige Charakteristika aufweisen, sind Privationen, das heißt misslungene Ausübungen der Fähigkeit zur Improvisation. In diesem Sinne ist jede Auffassung von der Fähigkeit zur Improvisation im Jazz, die besagt, diese darin bestehe, dass man gelernt habe, über bestimmte Akkordverbindungen bestimmte Tonleitern oder bestimmte melodische Phrasen und rhythmische Figuren zu spielen, schlichtweg falsch. Tonleitern und standardisierte melodische Phrasen – so genannte *Licks* – können zwar ein Moment der Einübung in die Fähigkeit zur Improvisation sein. Die Ausübung der Fähigkeit zur Improvisation besteht aber nicht im Abrufen von Tonleitern oder *Licks*. Sie besteht vielmehr in etwas Allgemeinerem. Sie besteht darin, einen *einheitlichen Zusammenhang musikalischer Artikulationen zu stiften, der nicht im Vorhinein durch einen Notentext oder sonst eine festgelegte Blaupause für die Improvisation geregelt ist.* Unter Einheitlichkeit ist dabei nicht zu verstehen, dass die Artikulationen in irgendeiner Weise einem Ideal der Einheit verpflichtet wären. Es ist damit also nicht gemeint, dass die Einheit selber ein explizites Ziel des Improvisierenden ist und dass Improvisationen nicht auch brüchig, springend und zerrissen sein können. Darunter ist vielmehr zu verstehen, dass die einzelnen Artikulationen im Zusammenhang der anderen Artikulationen Sinn ergeben.

Nehmen wir noch einmal das Spielen eines Standards als Beispiel, und nehmen wir an, die Musiker einer Combo spielen nacheinander Soli über die Form. Ein Solist könnte etwa mit einer kleinen melodischen Idee beginnen, die rhythmisch der Gestaltung der Melodie des Standards entspricht. Er etabliert hier potenziell eine musikalische Idee, indem er diese Phrase einmal spielt. Daraufhin behält er zum Beispiel ihren Rhythmus bei, verschiebt sie aber über die fortschreitende Harmonik. Oder er lässt sie auf einer anderen Taktzeit beginnen. Oder aber er spielt noch einmal die exakt gleichen Töne, dieses Mal aber in einem anderen Rhythmus. Dabei ist er nicht darauf festgelegt, der harmonischen Form des Standards zu folgen. Er kann zum Beispiel die melodische Idee in einer Tonart spielen, die an einer bestimmten Stelle der Form zunächst gar nicht zu passen scheint, die aber durchaus als Moment der Erzeugung von Spannung und des Strebens nach Auflösung Sinn ergeben kann. Dieses ist vor allem mit Blick auf Dominanten und insgesamt Dominantseptakkorde in verschiedenen harmonischen Funktionen verbreitet – und in Form des *Inside-Outside*-Spiels in modalen Improvisationen ein unverzichtbares Mittel, um Spannung und Entspannung zu erzeugen. Zu sagen, dass es keine festgelegte Blaupause für eine Improvisation gibt, die einen einheitlichen Zusammenhang musikalischer Artikulationen im Vorhinein sicherstellen könnte, heißt nun mit Blick auf derartige Beispiele Folgendes: *Das, was der Improvisierende tut, erhält seinen spezifischen Sinn erst im Lichte dessen, was er später getan haben wird.* Wenn man das in einer Spielmetapher erläutern wollte, könnte man sagen: Der Sinn jedes einzelnen Zugs ändert sich im Licht jedes weiteren Zugs. Jeder Zug erhält erst seinen tatsächlichen Sinn im Lichte aller zukünftigen Züge. An dem Begriff des Zugs ist freilich problematisch, dass es in der Improvisation keine Regeln gibt, die im Vorhinein festlegen würden, was überhaupt ein Zug ist und was nicht. Man kann in einer Improvisation nicht in der Weise einen Fehler machen, wie es ein Fehler ist, einen Bauern beim Schach wie einen Läufer zu ziehen. Zieht man einen Bauern im Schach wie einen Läufer, spielt man nicht länger Schach – überschreitet man hingegen die harmonische Struktur eines Standards, so hat man nicht unbedingt aufgehört, diesen Standard zu spielen. Das liegt an der spezifischen Zeitlichkeit der Improvisation, die durch die einleitenden Beispiele für eine Eröffnung einer Improvisation illustriert wurde: *Die Zeitlichkeit der Improvisation ist in bestimmter Weise eine rückblickende wie gleichermaßen rückwirkende Zeitlichkeit.* In philosophischer Fachsprache kann man davon sprechen, dass die Logik der Improvisation eine Logik der Retroaktion ist.[25] Der Anfang – etwa das Spielen einer melodischen Phrase, die den Rhythmus der Melodie aufgreift, aber andere Töne verwendet – legt den Improvisierenden in bestimmter Hinsicht auf nichts fest. Paradoxerweise legt das, was er daraufhin tut, fest, was er am Anfang getan hat. Erst mit Blick auf die späteren musikalischen Artikulationen wird sich herausgestellt haben, was der Sinn der vorherigen musikalischen Artikulationen war. Wiederholt der Improvisierende etwa die einleitende musikalische Phrase noch einmal in einem anderen Rhythmus, so hat sie sich als eine andere erwiesen als in dem Fall, in dem er sie mit identischem Rhythmus etwa um einen Ganzton nach oben oder unten verschiebt. Die spezifische Intensität von Jazzperformances kommt deshalb nicht zuletzt dadurch zustande, dass in jedem Moment der Sinn des Ganzen der Improvisation zur Disposition steht.

Das bisher Gesagte ist allerdings in bestimmter Hinsicht noch nicht hinreichend, und dies aus folgendem Grund: Im Regelfall gewinnen auch beim Spielen von Werken die einzelnen melodischen und harmonischen Elemente ihren Sinn im Lichte späterer melodischer und harmonischer Entwicklungen. Auch beim Darbieten von Werken ist es kurz gesagt so, dass die einzelnen Elemente, die sie jeweils sind, im und durch den Kontrast zu anderen Elementen konstituiert werden. Es besteht aber ein wesentlicher Unterschied: *Was ein Element ist, wird im Rahmen einer Improvisation restlos in der Performance ausgehandelt, wohingegen das, was ein Element ist, im Rahmen der Darbietung eines Werks nicht restlos in der Performance ausgehandelt wird.* Es ist im letzteren Fall bereits vorgängig zumindest auch dadurch festgelegt, dass der Musiker sich vor dem Hintergrund seiner musikalischen Ausbildung durch eine Arbeit mit der Partitur das Werk angeeignet hat. Bereits im Vorhinein kann der Musiker sich überlegen, wie er eine bestimmte Passage

25 Eine derartige Logik charakterisiert auch Hegels Auffassung von Geschichte. Vgl. dazu G. W. F. Hegel, *Philosophie der Geschichte*, Frankfurt/M. 1986.

spielen wird. Zwar hat ein Improvisierender normalerweise den Standard, den er während einer Performance spielt, auch schon unzählige Male gespielt. Aber daraus folgt hinsichtlich der Performance weniger als mit Blick auf die Darbietung von Werken.

Den Unterschied, um den es hier geht, kann man sich noch einmal klarmachen, wenn man die Jazzimprovisation in dieser Hinsicht dezidiert von der Komposition eines Werks (i) und der Darbietung eines Werks (ii) abgrenzt. Erstens muss die Improvisation in dieser Hinsicht von der Komposition, die ein Werk hervorbringt, abgegrenzt werden (i). Anders als der Improvisierende kann der Komponist so lange, bis er beschließt, dass der Prozess an ein Ende gekommen ist, jederzeit Revisionen vornehmen. Das, was er während des Prozesses des Komponierens am Notentext geändert hat, wird nicht selbst *Teil* des Ergebnisses sein.[26] Wohl die meisten Kompositionen sind Ergebnis umfassender Überarbeitungsschritte, und selten ist der erste Entwurf das, was am Ende als Partitur das Licht der Öffentlichkeit erblickt.[27] In der Improvisation sieht die Situation anders aus: Alles, was der Improvisierende während der Improvisation getan hat, wird als Teil der Improvisation in das Ergebnis eingehen. Spielt ein Improvisierender eine Zeitlang nichts, so geht das entweder als Pause oder als Sprachlosigkeit in das, was er getan hat, ein. Diese Überlegung gilt natürlich nur für Liveperformances und für auf analogen oder digitalen Medien festgehaltene Liveperformances. Mit Blick auf den Produktionsaspekt vieler zeitgenössischer im Studio produzierter Jazzalben wären weiter gehende Überlegungen zu dieser Frage vonnöten.[28] Nicht nur würden derartige Überlegungen an dieser Stelle vom Thema wegführen. Es wäre auch immer noch festzuhalten, dass im Jazz derartige Produktionsaspekte keineswegs hauptsächlich so ins Spiel kommen, dass die skizzierte improvisatorische Dimension durch sie neutralisiert würde. Zweitens zur Abgrenzung der Darbietung

26 Vgl. in diesem Sinne Brown, »›Feeling my Way‹. Jazz Improvisation and its Vicissitudes – A Plea for Imperfection«, S. 113 ff.

27 Vgl. zur Frage nach dem Verhältnis von Komposition und Improvisation und als ein Plädoyer dafür, die Unterscheidung nicht zu strikt zu verstehen, auch Alperson, »On Musical Improvisation«.

28 Vgl. dazu auch Andrew Kania, »Works, Recordings, Performances: Classical, Rock, Jazz«, in: Mine D. Dack (Hg.), *Recorded Music. Philosophical and Critical Reflections*, London 2008, S. 3-21.

von Werken (ii): Ich möchte hier noch einmal kurz auf die Frage des Fehlers zu sprechen kommen. Bei der Darbietung eines Werks kann sich der Musiker, der das Werk darbietet, verspielen und damit einen Fehler machen. Aber dieser Verspieler wird zumindest mit Blick auf herkömmliche Werke als Mangel der Darbietung, nicht aber als Mangel des dargebotenen Werks verstanden werden. Diese Unterscheidung gibt es in der Jazzimprovisation nicht: Fehler sind gewissermaßen nicht auf derselben logischen Ebene angesiedelt wie Verspieler bei der Darbietung eines musikalischen Werks. Natürlich kann es auch in der Improvisation handwerkliche und technische Fehler geben. Das ist vor allem dann der Fall, wenn jemand sein Instrument noch nicht gut beherrscht. Aber von derartigen Fehlern ist hier gar nicht die Rede. Es geht um Fragen des Fehlers mit Blick auf Jazzmusiker, die ihr Instrument problemfrei beherrschen und die Fähigkeit der Improvisation in relativ umfassender Weise schon erworben haben. In seltenen Fällen können solche Fehler natürlich auch Jazzmusikern passieren, die zu den Meistern ihres Fachs gehören. Herbie Hancocks Solo über Peter Gabriels *Mercy Street* auf dem Album *The New Standard* weist einen derartigen Fehler auf: Die Phrase, die in 3:34 beginnt, bricht ab, weil Hancock sich hier verspielt und den Ton nicht richtig trifft. Da er ein Meister seines Fachs ist, tut selbst das der Qualität dieser Improvisation jedoch insgesamt keinen Abbruch. Aber das ist eher die Ausnahme: Auf diesem Niveau kommen Fehler im Regelfall nur noch als *ästhetische* Fehler vor. Das heißt mit Blick auf die Improvisation etwa, dass sie redundant ist, langweilig ausfällt, nichtssagend ist oder ins Leere läuft. Zwar können auch Darbietungen eines Werks langweilig oder nichtssagend sein. Anders als Improvisationen können Performances, die Darbietungen von Werken sind, vor allem aber auch den entsprechenden Werken, die dargeboten werden, nicht gerecht werden. Was es demgegenüber heißen würde, einem Standard nicht gerecht zu werden, ist weitaus weniger klar.

Der Verweis auf die Kategorie des ästhetischen Fehlers führt mich zu einer letzten wesentlichen Spezifizierung der besonderen Zeitlichkeit der Improvisation im Jazz. Die Zeitlichkeit der Improvisation ist von einer spezifischen Normativität bestimmt. Anders gesagt: Fragen der Zeitlichkeit der Improvisation sind mit Fragen dessen, was es heißt, eine Improvisation sei gelungen, intrinsisch verbunden. Diese Verbindung lässt sich so erläutern, dass man vor

Abschluss einer Performance nicht sagen kann, ob sie gelungen oder misslungen ist. Das ist deshalb so, weil im Rahmen der Performance das, was jeweils getan wird, im Lichte der zukünftigen Schritte erst seinen Sinn erhalten haben wird. Wenn dem so ist, dann muss aber auch festgehalten werden, dass es keine der Performance vorgängigen Kriterien der Evaluation geben kann, an denen sie gemessen werden könnte. *Vielmehr handelt jede Improvisation auch die Kriterien dessen, was es heißt, eine gelungene Performance zu sein, selbst mit aus.* Diese These ist nicht mit der These zu verwechseln, dass es keine Vorbedingungen der Improvisation gäbe – denn das ist einfach eine falsche These. Aber Vorbedingungen sind nicht Kriterien der Evaluation. Wenn überhaupt, würde es Sinn ergeben, von vorgängigen Kriterien der Evaluation angesichts solcher Improvisationen zu sprechen, die sich als misslungene erweisen. Hier kann man vielleicht so etwas sagen wie: dass die entsprechende Performance Kriterien dessen, was eine gelungene Improvisation ist, nicht genügt habe. Die Pointe der These, dass jede Improvisation die Kriterien dessen, was es heißt, eine gelungene Performance zu sein, selbst mit aushandelt, besteht aber darin, dass das, was eine gelungene Improvisation ist, nicht unabhängig von konkreten gelungenen Improvisationen bestimmt werden kann. Die inhaltliche Bestimmung dessen, was es heißt, eine gelungene Performance zu sein, kann nicht abstrakt, im Sinne von unabhängig von der Praxis der Improvisation, bestimmt werden. Das gilt selbst noch für recht formale Kategorien wie Einheit und Stimmigkeit. Denn es kann nicht vorgängig inhaltlich festgelegt werden, was es heißt, eine Improvisation sei einheitlich und stimmig. Anders gesagt: Die Einheitlichkeit und Stimmigkeit, die die Improvisationen des späten John Coltrane aufweisen, sind solche, die nicht schon aus der Einheitlichkeit und Stimmigkeit, die die Improvisationen des frühen Coleman Hawkins aufweisen, abgeleitet werden können.

III.

Ich möchte nun ausgehend von dieser Charakterisierung der Improvisation im Jazz, die grundsätzlich darin bestand, dass die Improvisation eine retroaktive Zeitlichkeit aufweist, in deren Rahmen zugleich ausgehandelt wird, was es heißt, eine gelungene Improvisation zu sein, zur Frage danach zurückkehren, was musikalische Werke sind. Im Rahmen der Unterscheidung zwischen der Improvisation über Standards und der Darbietung musikalischer Werke, wie ich sie oben diskutiert habe, habe ich bewusst vorsichtige Formulierungen gewählt. Das deshalb, weil ich der Auffassung bin, dass der Unterschied, der zwischen beiden besteht, keineswegs ein radikaler ist. Ich verstehe ihn vielmehr im Sinne eines Kontrasts zweier Formen musikalischer Praxis, der sich so erläutern lässt: Es gehört wesentlich zu dem, was ein Werk als Werk ausmacht, dass hier dieselbe Logik der Verkettung, wie sie in der Improvisation offen zutage liegt, implizit bleibt. Anders gesagt: Was in der europäischen Kunstmusik tendenziell implizit bleibt, ist im Jazz explizit. Diese These ist keine These zum besonderen Wert des Jazz gegenüber den Werken der Tradition europäischer Kunstmusik, sondern vielmehr eine These zur Spezifik der jeweiligen Form musikalischer Praxis. Im Hintergrund steht der Gedanke, dass *die zeitliche Logik, die das Verhältnis der Elemente einer improvisierten Performance zueinander charakterisiert, auch das Verhältnis der einzelnen Darbietungen eines Werks zueinander charakterisiert.* Es ist also auch bezüglich musikalischer Werke so, dass die einzelnen Aufführungen sich nicht auf ein Jenseits im Sinne einer der Wirklichkeit enthobenen Ideenwelt beziehen, wie das etwa die musikphilosophischen Platonisten denken. Vielmehr werden Performances zu Darbietungen von Werken, insofern sie in bestimmter Weise an andere Performances anschließen. Darbietungen von Werken stehen immer in einem reichhaltigen Kontext und können nicht bloß anhand der Frage bestimmt werden, ob eine Darbietung die Angaben in einer Partitur erfüllt. Zwar ist die Partitur anders als beim Spielen von Standards kein potenziell verzichtbares Hilfsmittel, aber sie ist auch nicht mehr als ein Werkzeug im Rahmen einer bestimmten Praxis. Es ist also problematisch, die Situation so zu beschreiben, wie ich sie zu Anfang des zweiten Kapitels vorläufig beschrieben habe; denn verschiedene Performances ein und desselben Werks sind keineswegs dadurch charakterisierbar, dass sie sich sozusagen in unterschiedlich reibungsloser Weise mechanisch auf etwas beziehen würden, was in einem logischen Sinne vor oder sogar außerhalb dieser Aufführungspraxis liegen würde und zugleich Autorität darüber hätte, ob es sich bei ihnen um gelungene Performances handelt oder nicht. Wäre dem so, dann gäbe es tatsächlich in einem ästhetisch langweiligen Sinne eine »definitive« Darbietung eines Werks, beziehungsweise es gäbe sie in einem Sinne, der wohl kein ästhetischer mehr wäre. Nicht nur sind Aufführungen von Werken nicht selbst schon in der Partitur enthalten, sondern man muss mit Blick auf die These, dass es hier um musikalischen Wert und nicht die Frage einer bloßen Übereinstimmung geht, festhalten, dass sie implizit oder explizit aufeinander antworten – und genau in der Form dieses Antwortgeschehens besteht das, was wir Werke nennen. Was sich damit abzeichnet, ist nicht allein ein evaluativer Werkbegriff, sondern im Kontrast zu den ontologischen Alternativen ein praxeologisch explizierter Werkbegriff – das meint eine Erläuterung, die auf der Ebene unserer Praxis ansetzt und diese auch nicht auf ontologische Thesen hin übersteigt, die die Praxis vermeintlich fundieren sollen. Beide Aspekte möchte ich kurz kommentieren.

Versteht man den Werkbegriff als einen evaluativen Begriff, so wird die Differenzierung von Eigenschaften wie Tonhöherelation und Tempo im Sinne unverhandelbarer und verhandelbarer Eigenschaften, wie ich sie vorläufig zu Beginn des zweiten Kapitels mit Blick auf die Klaviersonate Beethovens vorgenommen habe, fragwürdig. Das nicht deshalb, weil man, wie bei einer Jazzimprovisation, Töne und Rhythmen beim Spielen der Sonate variieren könnte, sondern weil eine solche Beschreibung dem just zurückgewiesenen mechanistischen Paradigma verpflichtet ist. Der Gedanke, dass es so etwas wie verhandelbare Leerstellen in der Darbietung eines Werks gäbe, die sich vor einem unverhandelbaren festen Grund abheben würden, ist schief. Zwar hatte ich in der kontrastiven Beschreibung der Improvisation festgehalten, dass es grundsätzlich durchaus so ist, dass der Musiker, der eine Klaviersonate von Beethoven spielt, die einzelne Performance vorgängig durch sein Einüben stärker vorbereiten kann, als das in bestimmten Arten der Jazzimprovisation der Fall ist. Aber dieser Unterschied ist nicht nur ein gradueller, er betrifft vor allem Voraussetzungen der Performance und macht noch keine bestimmte Beschreibung der Performance notwendig; das heißt, dieser Unterschied führt nicht dazu, dass wir von Performances, die wir als Darbietungen von Werken charakterisieren, sagen müssten, dass sie einer Unterscheidung von verhandelbaren und unverhandelbaren Eigenschaften verpflichtet wären. Was in der Performance geschieht, ist demgegenüber, *dass auch die vermeintlich unverhandelbaren Eigenschaften wie Tonhöhe-*

relation und so weiter im Lichte der anderen Aspekte dieser Musik erst ihren ästhetischen Sinn erhalten. Anders gesagt: In der ästhetischen Beurteilung einer Performance – und das heißt eben im Rahmen einer Beurteilung, die nicht nach Richtigkeit in einem bloß handwerklichen Sinne fragt – sprechen wir nicht bloß über Tempo oder Phrasierung. Man spricht vielmehr nur noch über das Tempo oder die Betonung und beurteilt Performances nicht länger als ganze, wenn derartige Aspekte in einem pejorativen Sinne besonders exotisch ausfallen, so dass sie mit Blick auf die übrigen Aspekte der Darbietung etwa tendenziell unverbunden wirken. Im Lichte der Phrasierung und minimaler Unterschiede im Tempo erhalten auch die übrigen Elemente der Musik für den Zuhörer einen anderen Sinn. Elemente einer Performance sind somit keine Atome, die isoliert betrachtet werden könnten und bei denen unglücklicherweise mitunter eines fehlen oder deformiert sein kann, sondern sie bestimmen sich wechselseitig – in philosophischen Fachbegriffen spricht man davon, dass sie *holistisch* konstituiert sind.[29] Auch wenn eine Partitur für solche Performances, die wir als Darbietungen von Werken begreifen, eine besondere Rolle spielt, ist das also nicht so zu verstehen, dass diese darin bestünde, dass hier eine Festlegung dessen, was an einer Performance gelungen ist, erfolgen würde.

Reformuliert man einen evaluativen Werkbegriff im Kontrast zu ontologischen Theorien praxeologisch, so versteht man ein Werk nicht länger als sozusagen vertikale Beziehung zwischen einer Performance und etwas anderem.[30] Man versteht das, was ein Werk ist, vielmehr horizontal als Form der Verkettung von Performances. Es ist natürlich nicht so, dass ein Werk mit einer einzigen Performance identisch ist – und es ist auch nicht mit einer Summe von Performances oder der Differenz verschiedener Performances identisch. Die letzten beiden Formulierungen wären zwar nicht ganz falsch, aber eben auch nicht ganz richtig. »Werk« meint vielmehr den historischen Prozess, in dessen Rahmen verschiedene Performan-

29 Der Begriff des Holismus hat seinen Ursprung in sprachphilosophischen Diskussionen. Vgl. dazu Georg W. Bertram u. a., *In der Welt der Sprache. Konsequenzen des semantischen Holismus*, Frankfurt/M. 2008.

30 In gewisser Weise unternehme ich hier einen analogen Schachzug, wie Robert Brandom ihn in seiner inferentialistischen Sprachphilosophie unternommen hat. Vgl. Robert B. Brandom, *Expressive Vernunft. Begründung, Repräsentation und diskursive Festlegung*, Frankfurt/M. 2000.

ces aufeinander in dem Sinne antworten, dass sie um ästhetischen Wert ringen. In diesem Sinne kann man sagen, dass *jede Performance mit aushandelt, was das Werk gewesen sein wird.* Am Ende des zweiten Kapitels hatte ich im Zusammenhang mit der Frage, inwieweit Bach als Komponist zu verstehen ist, wenn er sich doch nicht als ein Komponist von Werken im heutigen Sinne verstanden hat, festgehalten, dass es einen anderen Begriff des Komponierens geben könnte, der keine ausschließende Alternative zum Begriff des Improvisierens darstellt. Man könnte im Sinne dieses Gedankens mit Blick auf die hier ins Auge gefasste Reformulierung des Werkbegriffs sagen: Die einzelnen Performances »komponieren« an etwas, was der Komponist geschaffen hat, weiter, und was das Werk gewesen sein wird, wird gerade im Prozess dieses »Weiterkomponierens« ausgehandelt. Kommt ein Werk durch den Komponisten in die Welt, ist es sozusagen nicht fertig bestimmt – in gewissem Sinne könnte man sogar sagen, dass das Werk niemals abschließend bestimmt ist. Auch wenn Werke als Bestimmtes geschaffen werden, ist es so, dass hier in gewisser Weise etwas unbestimmtes Bestimmtes geschaffen worden ist – und das nicht in dem Sinne, dass eben einige Eigenschaften eindeutig festgelegt worden sind und andere nicht. Es ist vielmehr so gemeint, dass das, was das Werk ist, Bestimmtheit erst durch die jeweilige Performance als eine bestimmte Form des Anschließens an vorangehende Performances gewinnt.

Mit dieser These geht es mir nicht darum, der Praxis des Spielens von Werken vorzuhalten, dass sie eigentlich dasselbe sei wie die Praxis der Improvisation. Wie ich bereits festgehalten habe, möchte ich hier keine ideologiekritische Demaskierung des Werkkonzepts betreiben, sondern es vielmehr reformulieren. Es geht mir darum, festzuhalten, dass dieser Unterschied kein kategorialer Unterschied ist, sondern vielmehr ein Unterschied, der einen Formaspekt unserer musikalischen Praxis betrifft. Wenn ich hier von Form spreche, so meine ich nicht manifeste musikalische Formen – ich meine die Form einer musikalischen Praxis im Unterschied zu ihrem Inhalt.[31] Musikalische Performances, ganz gleich, ob es sich bei ihnen um Darbietungen von Werken oder um Improvisationen handelt, sind allesamt ein Aushandlungsgeschehen in dem Sinne, wie es

31 Ich knüpfe hier – freilich in loser Weise – an Überlegungen Michael Thompsons zur Form des Urteilens und zur Einheit einer Praxis an. Vgl. Michael Thompson, *Leben und Handeln*, Frankfurt/M. 2008, Teil 1 und Teil 3.

anhand des Spielens von Standards skizziert wurde. Mit Blick auf Performances, die Aufführungen von Werken sind, ist es aber so, dass dieser Aspekt sozusagen in konstitutiver Weise verstellt ist – verstellt in einer Weise, die nicht einfach eine Täuschung meint.[32] Das Selbstverständnis dieser Praxis ist konstitutiv für ihren Unterschied zu einer Praxis der Improvisation. Die Verstellung ist, wie man auch sagen könnte, eine produktive. Denn es gehört gerade zum Verständnis solcher Performances, die als Darbietungen eines Werks qualifiziert werden, sie derart zu verstehen, dass in ihnen die Potenziale von etwas ausgelotet werden, was eben nicht gänzlich in der jeweiligen Performance aufgeht. Beim Darbieten von Werken geht es in gewisser Weise nicht anders als beim Spielen von Standards zu, insofern auch Darbietungen von Werken wie die Elemente einer Improvisation in einem retroaktiven wie normativen Verhältnis der Aushandlung zueinander stehen – aber die Praxis des Aufführens von Werken hat einen anderen Begriff ihrer selbst, insofern sie sich explizit als eine solche versteht, in der es um ein vertikales Erfüllt-Sein und nicht um ein horizontales Anschließen geht, wodurch sie zu einem bestimmten Verständnis der Beziehung von Komponist, Partitur und Performance kommt.

Die Reformulierung des Begriffs des musikalischen Werks, die ich hier vorgeschlagen habe, könnte man als *performative Reformulierung des Begriffs des musikalischen Werks* bezeichnen. Eine solche Reformulierung geht mit einer Reformulierung der Vorstellung einher, dass das Werk zwar in seinen und durch seine Performances lebt, aber zugleich etwas sei, von dem gesagt wird, dass es Grundlage und normative Richtlinie der Performances selbst ist. Sie geht, kurz gesagt, mit einer Reformulierung des Ideals der Werktreue einher,[33] die an erster Stelle darin besteht, dass diese Idee von vertikalen Motiven im oben skizzierten Sinne befreit wird. Dadurch ergibt sich ein anderes Bild dessen, was es heißt, dass Aufführungen einem Werk gerecht werden können – ein Bild, das damit verbun-

32 Man könnte auch bezüglich des Werkkonzepts in Begriffen Heideggers sagen: Das Verstellen gehört hier zur Wahrheit dessen, was den Begriff des Werks ausmacht. Vgl. dazu Martin Heidegger, »Der Ursprung des Kunstwerkes«, in: ders., *Holzwege*, Frankfurt/M. 2003, S. 1-74, hier S. 25 ff.

33 Vgl. als kritische Auseinandersetzung mit dem Ideal der Werktreue Aaron Ridley, »Against Musical Ontology«, in: *The Journal of Philosophy* 4 (2003), S. 203-220.

den ist, dass dies wesentlich eine Frage des Urteilens wird.[34] Dass eine Performance einem Werk gerecht wird, ist ein normatives wie ein komparatives Urteil, da es vor dem Hintergrund anderer Performances zustande kommt. Einem Werk gerecht zu werden heißt, es in jeweils neuer Weise hörbar werden zu lassen, und zwar so,[35] dass die Rezipienten die entsprechende Performance genau derart als sinnvoll anerkennen können. In gewisser Weise kann man damit niemals ein für alle Mal abschließend sagen, ob eine Aufführung einem Werk gerecht geworden ist oder nicht. Von Aspekten, die durch die Performance thematisch werden, gilt im Rahmen eines performativen Werkbegriffs, dass sie nicht unabhängig von ihrer Entdeckung durch ebenjene musikalische Performance bestimmt werden können. Das muss man nun keineswegs antirealistisch deuten; man kann durchaus sagen, dass die jeweilige Performance sozusagen epistemischen Zugang zur relativen und, mit Blick auf zukünftige Performances, zur potenziell umstrittenen Bestimmtheit des Werks gewährt. Die jeweilige Performance können wir dann als eine solche qualifizieren, die das Werk in einer Weise hat hörbar werden lassen, dass es die von ihr artikulierten Dimensionen immer schon hatte. Diese Überlegung, verstanden als Reformulierung des wahren Kerns des Ideals der Werktreue, hat nun offensichtlich Konsequenzen für ein anderes Ideal: das Ideal der historischen Aufführungspraxis. Unter diesem Begriff versteht man das Projekt, historische Musik hinsichtlich des Instrumentariums, der Spieltechnik und so weiter gemäß der Praxis zur Zeit ihrer Entstehung aufzuführen. Als ästhetische Praxis ist eine solche Praxis vollkommen legitim, wenn sie solche Performances produziert, von denen wir sagen können, dass sie ästhetisch wertvoll sind. Ihre theoretische Agenda ist aber dann defekt, wenn sie etwa mit der Annahme operiert, dass der reanimierende Zugriff auf eine historische Praxis so etwas wie das Wesen des Werks in unverfälschter Weise wiedergeben würde. Denn das Wesen eines Werks ist nichts anderes als die Art und Weise, wie der Zusammenhang der Verkörperung in einzelnen Performances gestiftet ist. Diesen Gedanken, den ich im

34 Vgl. als philosophisch ambitionierten Begriff des Urteils auch Christoph Menke, »Das Urteil: zwischen Ausdruck und Reflexion«, in: ders., *Die Kraft der Kunst*, Berlin 2013, S. 56-81.

35 Vgl. in diesem Sinne auch Hans-Georg Gadamers Konzept der Wirkungsgeschichte: Gadamer, *Wahrheit und Methode*, S. 312 ff.

folgenden Kapitel in anderer Weise noch weiterverfolgen werde, kann man auch so ausdrücken: Das Potenzial musikalischer Werke meint nicht etwas, was einen festen Möglichkeitsraum bespielen würde, der vor jeder Performance schon abgezirkelt wäre. Vielmehr wird das Potenzial eines musikalischen Werks in den und durch die Performances in jeweils spezifischer Weise entdeckt. Das Potenzial ist damit etwas, was sich als dynamisch und in Bewegung erweist. Mehr noch: Es ist etwas, was gar nicht vor der Performance besteht, sondern ausgehend von seinem Entdecktsein in der jeweiligen Performance erläutert werden muss. Es lässt sich allein retroaktiv feststellen, genau wie das einzelne temporale Element einer Improvisation seinen Sinn allererst im Lichte der zukünftigen Elemente einer Improvisation erhalten hat. Vor dem Hintergrund dieser Analyse zeigt sich das eigentliche Problem des musikphilosophischen Platonismus: Zwar hält er zu Recht fest, dass Werke nicht mit Partituren, Performances oder Ideen im Geiste ihrer Komponisten identifiziert werden können. Und er betont richtigerweise, dass sie in bestimmter Weise über ihre einzelnen Verkörperungen hinausgehen. Aber nicht allein vergegenständlicht der musikphilosophische Platonismus Werke in problematischer Weise: Er kann die *Ermöglichung neuer Möglichkeiten* nicht mehr angemessen denken. Gegen den musikphilosophischen Platonismus muss festgehalten werden, dass das Werk kein abstraktes Seiendes ist, sondern vielmehr ein historischer Prozess des Ringens um ästhetischen Wert, für den charakteristisch ist, dass die spezifische Offenheit hier anders als in der Jazzimprovisation gerade implizit bleibt.

Versteht man Werke performativ als historischen Prozess, der in einer bestimmten Form der horizontalen Verknüpfung von Performances besteht, die, anders als im Spielen von Jazzstandards, in produktiver Weise gerade nicht in Begriffen einer horizontalen Verknüpfung verstanden wird, so ist es so, dass die Frage, ob eine Performance gelungen oder misslungen ist und ob sie überhaupt noch eine Performance des entsprechenden Werks ist, ausgehend von einer Praxis vielfältigen Urteilens von Produzenten und Rezipienten dieser Musik verständlich gemacht werden muss. Wenn ein solcher historischer Prozess nicht auf etwas Mechanisches reduziert oder zu etwas Prophetischem mystifiziert werden soll, so bedarf es einer weiter gehenden Analyse, welche Rolle Musiker und Rezipienten in ihm spielen. Diese Frage möchte im folgenden

Kapitel in Angriff nehmen, indem ich die Rolle der musikalischen Tradition im Verhältnis zum einzelnen Musiker genauer qualifizieren werde.

Kapitel 4
Musiker und Tradition

Ein verbreitetes Vorverständnis zum Jazz besagt, dass es sich dabei um eine Musik handelt, in deren Rahmen sich die Persönlichkeit des einzelnen Musikers direkt ausdrückt. Die Individualität des einzelnen Musikers spielt hier offenbar, so kann man diesen Gedanken weiterentwickeln, eine ausgesprochen große Rolle. Kontrastiv muss dann vom Spielen von Werken, wie es in der Tradition europäischer Kunstmusik paradigmatisch ist, gesagt werden, dass hier eine Art kollektiver Leistung im Zentrum der ästhetischen Wertschätzung steht. Dass das zumindest auf den ersten Blick nicht ganz falsch zu sein scheint, lässt sich anhand folgender Beobachtung ausweisen: Bei der Darbietung eines Werks ist es nicht nur selten der Fall, dass der Darbietende der Komponist selbst ist, und es ist – wenn wir von einigen revisionistischen Verfahrensweisen der Neuen Musik absehen – zugleich nur kontingentermaßen so, wenn es denn einmal der Fall ist. Solch eine Unterscheidung ist mit Blick auf die Improvisation im Jazz sinnlos. Die Differenz zwischen der Artikulation der Persönlichkeit des einzelnen Musikers im Jazz und der Artikulation der kollektiven Leistung in der Tradition europäischer Kunstmusik gilt es im Folgenden verständlich zu machen. Wie ausgehend von der Analyse des letzten Kapitels nicht verwundern sollte, wird sich wiederum zeigen, dass es sich hier keineswegs um eine strikte Gegenüberstellung handelt. Als Kontrast behandelt, erweist sich die Differenz zwischen individueller und kollektiver künstlerischer Leistung als nicht so strikt, wie sie zunächst zu sein scheint. Der Kontrast besteht nicht so sehr darin, dass im Jazz eine irreduzible Individualität zum Tragen kommt, wohingegen der Interpret in der europäischen Kunstmusik – überspitzt gesagt – in ein Korsett von anonymen Regeln eingesperrt wäre. Der Unterschied besteht vielmehr in der unterschiedlich expliziten Artikuliertheit der Rolle des einzelnen Künstlers vor dem Hintergrund der Tradition der entsprechenden Musik. Anders gesagt: Am Jazz lässt sich expliziter als an der Tradition der europäischen Kunstmusik ablesen, dass in einer musikalischen Praxis kein substanzieller Spalt zwischen Individuum und Gemeinschaft auftritt. Noch in ihren innermusikalisch antagonistischen Momenten ist jede musikalische Praxis ein Miteinander. Diese Argumentation werde ich in drei Schritten durchführen, nachdem ich den Gedanken, dass sich im Jazz die künstlerische Persönlichkeit in besonders markanter Weise artikuliert, noch einmal genauer erläutert habe. Zunächst werde ich die These entwickeln, dass jedes künstlerische Handeln als traditionsgebunden zu verstehen ist (I.). Dann werde ich herausarbeiten, dass im Jazz diese Traditionsgebundenheit wesentlich in Form interaktiver Handlungszusammenhänge artikuliert ist (II.). Abschließend werde ich geltend machen, dass damit ein Moment musikalischer Praxis überhaupt im Jazz explizit zum Vorschein kommt, das auch für die Tradition europäischer Kunstmusik implizit prägend ist (III.).

Zuvor ist es aber sinnvoll, noch einmal das Vorverständnis, dass die Persönlichkeit des einzelnen Künstlers im Jazz in besonderer Weise im Zentrum der ästhetischen Wertschätzung steht, genauer zu erläutern. In einem ersten Schritt kann man sich das anhand eines Phänomens klarmachen, das bei Laien immer wieder für Verblüffung sorgt. Der geübte Jazzhörer ist im Regelfall bereits nach wenigen Takten einer ihm unbekannten Aufnahme eines Musikers, den er kennt, in der Lage, diesen zu identifizieren. Hat man hinreichend viele Aufnahmen von John Coltrane oder Miles Davis gehört, ist man zumeist in der Lage, ihr Spiel auch auf bisher noch nicht gehörten Aufnahmen zu identifizieren. Die Quelle dieser Fähigkeit besteht keineswegs darin, dass diese Musiker in verschiedenen Kontexten immer wieder dasselbe spielen würden. Würden sie immer wieder dasselbe spielen, so wären sie keine fortgeschrittenen Jazzmusiker. Mutmaßen kann man, dass die Fähigkeit zur Identifikation des Spiels eines Musikers sich nicht aus der Sensitivität für eine einzige Eigenschaft der entsprechenden Musik speist. Und es muss auch nicht bei jedem Musiker, dessen Spiel man in der Lage ist zu identifizieren, derselbe Cluster von Eigenschaften sein. Was hier erkannt wird, ist ein bestimmter *Stil* des Spielens.[1] Für einen solchen Stil kann sehr Unterschiedliches relevant sein: etwa ein charakteristischer Ton, ein exzessiver Gebrauch von re-

1 Vgl. als einschlägige Erläuterung des Stilbegriffs, den ich an dieser Stelle nicht weiter explizit entwickeln werde: Nelson Goodman, »Der Status des Stils«, in: ders., *Weisen der Welterzeugung*, Frankfurt/M. 2001, S. 38-58.

laxten Pausen oder eine Rastlosigkeit im Spiel, die Dynamik und Logik der Entwicklung musikalischer Linien, eine Vorliebe für den Gebrauch bestimmter Skalen und so weiter. Derartige Momente können wesentlich für den Stil eines Musikers sein – es wäre aber wohl etwas künstlich, die Identifikation auf derart klar definierte und strikt voneinander unterscheidbare Eigenschaften zu beziehen. Anders gesagt: Selbst die Idee, dass es ein jeweils anderer Cluster von Eigenschaften wäre, ist tendenziell noch eine problematische Beschreibung dessen, was wir individuellen Stil nennen – und das, obwohl Stil nichts hinter den Eigenschaften oder etwas unabhängig von Eigenschaften zu Charakterisierendes ist. Denn die Frage des Stils scheint eher eine Frage des *spezifischen Zusammenhangs und der spezifischen Einheit* derartiger Eigenschaften zu sein, die nicht atomistisch verstanden werden dürfen. Wissen um derartige stilistische Merkmale des Spiels einzelner Musiker bildet sich durch den gründlichen Nachvollzug verschiedener Aufnahmen von Performances oder den Besuch von Liveperformances. Und ein derartiges Wissen ist im Jazz ausgeprägter als hinsichtlich der meisten Musiker, die in der Tradition europäischer Kunstmusik Werke darbieten. Das gilt zwar nicht mit Blick auf die Komponisten von Werken. Denn man kann auch eine Klaviersonate von Beethoven oder von Brahms durchaus beim ersten Hören dem entsprechenden Komponisten zutreffend zuordnen. Aber ausgeprägter ist das Phänomen im Jazz mit Blick auf einzelne Performances, also mit Blick auf die Frage, wer derjenige oder diejenige ist, der oder die das entsprechende Werk spielt. Wenn ich sage, dies sei in der Tradition europäischer Kunstmusik *weniger* ausgeprägt, so betone ich damit, dass dieser Unterschied graduell und keineswegs kategorial ist. Denn Fischer-Dieskaus Darbietung eines Liedes von Franz Schubert oder Glenn Goulds Spielen des *Wohltemperierten Klaviers* sind für den geübten Hörer sicherlich nicht schwieriger zu identifizieren als für einen Jazzkenner das Spiel von John Coltrane oder Miles Davis. Auch wenn dieses Phänomen somit keineswegs exklusiv für den Jazz ist, sondern hier nur markanter zum Vorschein kommt, es lassen sich aus dem Phänomen der instantanen Identifikation des Spiels eines Jazzmusikers zwei wesentliche Konsequenzen für den Begriff der musikalischen Persönlichkeit überhaupt ziehen.

Erstens (i) zeigt die Möglichkeit der Identifikation, dass die musikalische Persönlichkeit nicht als etwas begriffen werden kann, was nicht öffentlich wäre. Die Persönlichkeit eines Jazzmusikers ist immer schon öffentlich artikuliert. Es gibt hier keinen geheimen Rest, der dem öffentlichen Blick entzogen wäre und allein ein Reich des Privaten bespielen würde. Zwar kann sich eine musikalische Persönlichkeit in einzelnen Performances besser oder schlechter artikulieren, und nahezu alle Schritte des Erwerbs der Fähigkeit zur Improvisation sind für den Hörer der Performances normalerweise überhaupt nicht sichtbar. Aber diese beiden Fälle eines Entzugs sind keineswegs mit der Auffassung zu identifizieren, dass es hinsichtlich der Artikuliertheit der entsprechenden musikalischen Persönlichkeit hier etwas prinzipiell Entzogenes gäbe. Der erste Fall trägt der Tatsache Rechnung, dass wesentliche Aspekte der musikalischen Persönlichkeit durch suboptimale Umstände verdeckt werden können. Der zweite Fall meint den Erwerb der Fähigkeit zur Improvisation, nicht aber deren Ausübung. Mit der These der restlosen Öffentlichkeit der musikalischen Persönlichkeit ist natürlich nicht gemeint, dass sie sich sozusagen mit den bestehenden Performances erschöpft hätte. Sie kann sich prinzipiell in beliebig vielen weiteren Performances und bei beliebig vielen weiteren Anlässen artikulieren. Denn sie besteht in der Fähigkeit, etwas in eigener Weise tun zu können, und als eine derartige Fähigkeit kann sie sich in verschiedenen Performances und bei unterschiedlichsten Anlässen artikulieren. Aber wir würden die Identifikation des Spiels eines Jazzmusikers gar nicht verstehen, wenn wir nicht anerkennen, dass seine musikalische Persönlichkeit sich immer schon öffentlich artikuliert. Man kann hier auch an die Zurückweisung der Auffassung erinnern, dass Werke Ideen im Geiste des Komponisten sind, wie sie im letzten Kapitel geleistet worden ist: Ohne Weisen der Verkörperung wird selbst der Begriff der Idee obsolet.[2] Nicht viel anders verhält es sich mit dem Begriff der Persönlichkeit überhaupt. Wenn wir im Alltag jemandem Persönlichkeit zusprechen, so meinen wir damit nicht, dass er eine irreduzible Individualität aufweise, die unseren Blicken entzogen wäre. Oder anders gesagt: Seine irreduzible Individualität artikuliert sich eben darin, dass er in bestimmten Kontexten etwas in bestimmter Weise tut und sagt,

2 Vgl. in diesem Sinne die entsprechenden Überlegungen in Hegels Kunsttheorie – auch wenn ich hier den Begriff der Idee im Unterschied zu Hegel sehr frei gebrauche. G. W. F. Hegel, *Vorlesungen über die Ästhetik. Band 1*, Frankfurt/M. 1986, S. 39, S. 127 ff.

und dies in einer Weise, die ihn insgesamt eine besondere Kontur gewinnen lässt. Persönlichkeit ist im Wesentlichen genau das. Das heißt aber, dass der Gedanke der irreduziblen Individualität nicht im Sinne eines Gedankens einer partiell immer entzogenen Individualität erläutert werden kann.

Mit Blick auf diese Bemerkungen zur prinzipiellen Öffentlichkeit dessen, was es heißt, eine musikalische Persönlichkeit entwickelt zu haben, muss ein wichtiges Missverständnis ausgeräumt werden. Das bislang Gesagte bedeutet nämlich in keiner Weise, dass hier etwas, was eine Persönlichkeit auszeichnet, auf ein anonymes oder sonst wie kollektives Geschehen reduziert würde. Von einem solch problematischen Verständnis zeugen Redeweisen, die besagen, dass man mit der Persönlichkeit der entsprechenden Person letztlich nur etwas meine, was auf den Ausdruck einer bestimmten Sozialisation reduzierbar sei. Anders gesagt: Man könnte der Auffassung sein, dass es Persönlichkeit gar nicht in einem authentischen Sinne gäbe, also in einem Sinne, dass wir davon sprechen können, dass jemand tatsächlich eine Persönlichkeit hat. In dieser Auffassung liegt aber ein Denkfehler: Dass die Persönlichkeit von jemandem Ausdruck einer Sozialisation ist – und man könnte und sollte sogar geneigt sein, zu sagen, dass sie das immer *auch* ist –, spricht nämlich in keiner Weise dagegen, dass sie eine authentische Persönlichkeit ist. Anders gesagt: Zu glauben, es spräche dagegen, ist nicht allein einem kruden Vulgärsoziologismus verpflichtet, sondern setzt stillschweigend einen Begriff der Persönlichkeit voraus, der diese auch als unsozialisierte für denkbar hält. Dieses Argument lässt sich im Rahmen einer Analogie noch einmal grundsätzlich generalisieren – einer Analogie, die im Verlauf dieses Kapitels noch in anderen Hinsichten wichtig werden wird. Die Teilnahme an sprachlichen Praktiken ist eine wesentliche Voraussetzung dafür und ein wesentliches Moment dessen, was es heißt, ein rationales menschliches Lebewesen zu sein. Die in sprachlichen Praktiken verwendeten Begriffe gewinnen ihre Bedeutung aber keineswegs durch die Setzung der einzelnen Sprecher, sondern sind nur vor dem Hintergrund übernommener Traditionen verständlich zu machen. Die Pointe der hier vorgestellten Überlegungen lautet nun, dass daraus gerade nicht folgt, dass der einzelne Sprecher gewissermaßen eine Bauchrednerpuppe der überkommenen Tradition wird. Wenn man also festhält, dass die musikalische Persönlichkeit immer schon eine öffentliche ist, konterkariert man nicht die These, dass sie *tatsächlich* eine Persönlichkeit ist. Man konterkariert damit allein eine *subjektivistische* Erläuterung dessen, was es heißt, eine Persönlichkeit zu sein.

Zweitens (ii) lässt sich aus der Möglichkeit der Identifikation des Spiels eines Jazzmusikers noch eine weitere Einsicht gewinnen, die zunächst primär die Rezeption dieser Musik betrifft. Sie besteht darin, dass der Begriff der musikalischen Persönlichkeit nicht ohne Bezug auf andere musikalische Persönlichkeiten, und das heißt: ohne ein Moment des Kollektiven, verständlich gemacht werden kann. Denn die Fähigkeit der Identifikation des Spiels eines Jazzmusikers geschieht immer schon vor dem Hintergrund der Vertrautheit mit anderen Weisen des Spielens. Von Kontrastivität zu sprechen ist selbstverständlich nicht so gemeint, dass ich in dem Fall, in dem ich Hiromi Ueharas Klavierspiel identifiziere, denke oder sage: Das ist nicht Bill Evans' Stil und auch nicht Herbie Hancocks Stil oder Brad Mehldaus Stil. Es ist vielmehr so gemeint, dass der Erwerb der Fähigkeit der Identifikation von Ueharas spezifisch artistischem und in produktiver Weise ebenso artifiziellem Spiel mit einer mehr oder weniger umfangreichen Bekanntschaft mit anderen Personalstilen einhergeht. Mit der Fähigkeit der Identifikation von Ueharas Stil hat sich ein komplexes Netz anderer Identifikationen gebildet – und zu dem kann etwa gehören, dass man Entscheidendes an ihrem Spiel versteht, wenn man dessen Bezüge zu dem, was etwa Chick Corea mit seiner *Elektric Band* getan hat, begreift oder aber auch Bezüge nicht zu anderen Personalstilen, sondern zu historischen Stilen und hier vor allem dem Swing herstellt, die in ihrem Spiel in verfremdeter Weise lebendig sind. Derartige Bezüge sind aber letztlich nur verständlich zu machen, wenn man sie in einem komplexen Netz von Vorverständnissen situiert, in dem auch Hörerfahrungen mit anderen Stilen vorliegen. Um ein weiteres Beispiel zu nennen: Wenn man gelernt hat, die Spielweise von Fred Hersch zu identifizieren, so hat man wahrscheinlich auch gelernt, die Spielweise von Brad Mehldau, Enrico Pieranunzi, Lyle Mays und natürlich und vor allem von Bill Evans zu identifizieren.

Dieses letzte Argument besteht im Kern darin, dass die Kenntnis eines Personalstils die Kenntnis vieler anderer Personalstile voraussetzt. So wie man das Sprachverstehen nicht so erläutern kann, dass zunächst ein Wort gelernt wird und dann nach und nach weitere, sondern immer schon eine Vielheit von Worten gleichursprünglich erworben ist, so gibt es auch nicht einen Personalstil, sondern immer schon eine Vielheit von Personalstilen. Dieser Gedanke, der ein wesentlich kollektives Moment musikalischer Praxis meint, ist bislang aber allein ein rezeptionstheoretischer Gedanke. Er ist also nur erläutert mit Blick auf die Frage, wie der Hörer die Fähigkeit erwirbt, das Spiel von Jazzmusikern durch bloßes Hören zu identifizieren. Das Attribut »bloß« ist hier mit Vorsicht zu genießen – denn es meint nicht so etwas wie eine puristische Agenda des Hörens. Hören setzt vielfältiges Wissen voraus, das nicht in einem nur auditiven praktischen Wissen besteht, beziehungsweise dieses ist selbst mit theoretischem Wissen amalgamiert. Das gilt etwa in dem Fall, wenn ich höre, dass der Stil Bebop ist, und damit eben auch einen bestimmten historischen Stil höre. Die folgenden Argumente sollen nun zeigen, dass die bislang allein rezeptionstheoretisch erläuterte Überlegung nicht nur ebenfalls unter produktionstheoretischer Perspektive Geltung hat, das heißt mit Blick auf das, was der Künstler an Fähigkeiten als Bedingung des künstlerischen Handelns erworben haben muss. Sondern sie sollen auch zeigen, dass künstlerisches Handeln per se immer schon in einer Weise kollektiv ist und dass diese Kollektivität gerade nicht im Kontrast zur Individualität steht. Diese Kollektivität lässt sich grundsätzlich so erläutern, dass sie ein Stehen in Traditionen künstlerischen Handelns meint. Im Jazz wird das besonders explizit, und zwar in besonderer Weise: Das kollektive Moment gewinnt hier vor allem in Form des wesentlich interaktiven Charakters dieser Musik als eines besonderen Modus der Kollektivität Kontur, welcher zugleich einen wesentlichen Aspekt dessen explizit macht, was es überhaupt heißt, in künstlerischen Traditionen zu stehen. Diesen Gedanken gilt es im Folgenden zu entwickeln.

I.

Nach dieser Vorbemerkung komme ich nun zu den drei Argumentationsschritten dieses Kapitels. Ich beginne mit Überlegungen, die zeigen sollen, dass jedes künstlerische Handeln als traditionsgebunden und damit als ausgehend von kollektiven Leistungen zu verstehen ist. Ich werde davon sprechen, dass künstlerisches Handeln immer *verkörperte Tradition* ist.[3] Den Begriff der Tradition habe ich schon die ganze Zeit ohne weitere Erklärung gebraucht, vor allem zur Charakterisierung dessen, was den Zusammenhang der europäischen Kunstmusik ausmacht. Mit Blick auf die in der Einleitung getroffene Feststellung, dass es Arten von Praktiken geben könnte, die sich gar nicht anhand notwendiger und hinreichender Bedingungen charakterisieren lassen, kann man Folgendes festhalten: Ob etwas zur europäischen Kunstmusik gehört, ist wesentlich eine Frage danach, in welchem Verhältnis es zur *Tradition* dieser Musik steht, und keine Frage nach dieser oder jener manifesten Eigenschaft.[4] Unter manifesten Eigenschaften versteht man solche Eigenschaften, von denen man sinnvoll sagen kann, dass ein – in einem weiten Sinne verstandener – Gegenstand sie ohne Bezug auf andere Gegenstände hat. Die Frage der Identifikation von Musik ist keine Frage manifester Eigenschaften; es ist also keine Frage danach, ob die Performance swingt oder ob in ihr eine komplexe Harmoniesprache zum Tragen kommt. Es ist vielmehr eine Frage relationaler Eigenschaften, das heißt von Eigenschaften, die zwischen verschiedenen Gegenständen bestehen. Dass ein Werk in einer bestimmten musikalischen Tradition steht, ist eine Eigenschaft des Werks, die man ohne Bezugnahmen auf andere Werke nicht verständlich erläutern kann. Dass ich bezüglich des Jazz den Traditionsbegriff nicht verwendet habe, lag nicht darin begründet, dass hier die Identifikation anders vonstattengeht. Es lag nur darin begründet, dass die Unterschiede zwischen den Gegenständen, die unter den Begriff der europäischen Kunstmusik fallen, aufgrund ihrer längeren Geschichte augenscheinlicher sind als im Jazz, in welchem sie aber auch schon sehr deutlich zutage treten. Wenn

3 Insgesamt verstehe ich mein Vorgehen so, dass es auch im Folgenden an Überlegungen anschließt, die Hans-Georg Gadamer entwickelt hat. Vgl. dazu noch einmal Gadamer, *Wahrheit und Methode*.

4 Dieser Gedanke lässt sich grundsätzlich der Position Hegels zuschreiben. Im Kontext der englischsprachigen Ästhetik ist er in jeweils unterschiedlicher Weise und mit unterschiedlich explizitem Bezug auf Hegel von Noël Carroll, Arthur C. Danto und Jerrold Levinson vertreten worden. Vgl. exemplarisch etwa Noël Carroll, »Historical Narratives and the Philosophy of Art«, in: ders., *Beyond Aesthetics. Philosophical Essays*, Cambridge, New York u. a. 2001, S. 100-118. Arthur C. Danto, *After the End of Art. Contemporary Art and the Pale of History*, Princeton/NJ 1997. Jerrold Levinson, »Defining Art Historically«, in: *British Journal of Aesthetics* 3 (1979), S. 232-250.

man Bach und Stockhausen irgendwie auf einen Begriff bringen möchte, kommt man gar nicht umhin, auf so etwas wie eine Tradition zu rekurrieren. Dass das im Jazz nicht viel anders ist, lässt sich klarmachen, wenn man versucht, den Big-Band-Swing von Count Basie, das Spiel Charlie Parkers, den von Weltmusik inspirierten Fusion der *Immigrants* von Joe Zawinul und den Free Funk eines Steve Coleman zusammenzubringen. *Die Frage der Zuordnung einer Musik zu einer bestimmten Art künstlerischer Musik ist also immer auch eine Frage, inwieweit sie sich sinnvoll in eine Tradition dieser Art von Musik einordnen lässt.*

Diese Bemerkung erklärt den bislang vorherrschenden Gebrauch des Begriffs der Tradition. Im vorliegenden Fragekontext geht es aber nicht um die Frage, wie man Musik klassifizieren kann. Es geht vielmehr um die These, dass der Begriff des künstlerischen Handelns insgesamt überhaupt nicht verständlich gemacht werden kann, wenn er nicht als verkörperte Tradition aufgefasst wird. Unter künstlerischem Handeln verstehe ich das komplexe Ensemble von Handlungen, das eine künstlerische Praxis konstituiert. Derartige Handlungen sind nicht allein solche, die ein künstlerisches Objekt oder Ereignis hervorbringen, sondern auch solche, die Teil einer Performance sind, oder aber solche, die dem Erwerb der Fähigkeiten zur Produktion künstlerischer Objekte oder Ereignisse dienen. Was ist mit dieser These gemeint, dass solche Handlungen verkörperte Traditionen sind? Zweierlei kann damit offensichtlich nicht gemeint sein. Erstens (i) kann damit nicht gemeint sein, dass jemand, der derart handelt, diese Handlungen notwendigerweise *explizit* so verstehen muss, dass sie in einer bestimmten Tradition künstlerischen Produzierens stehen. Zwar mag es Künstler geben, die ihr Handeln durchaus so verstehen. Im Jazz ist Wynton Marsalis ein bedeutender zeitgenössischer Trompeter, der seine eigene Musik als Fortschreibung dessen begreift, was er als die große Tradition amerikanischer Kunstmusik begreift.[5] Das ist aber ganz sicher keine allgemeine Beschreibung musikalischen Produzierens, sondern wird von Wynton Marsalis vielmehr als eine Art normativer Vorschrift bezüglich dessen lanciert, was authentischer Jazz ist und was bloß vermeintlich Jazz ist. Zudem ist unklar, wie Wynton Marsalis

5 Diese Position exemplifiziert insgesamt sein Buch. Wynton Marsalis, *Jazz, mein Leben. Von der Kraft der Improvisation*, München 2010.

diesen Gedanken auf der feinkörnigeren Ebene einzelner Handlungen erläutern könnte. In jedem Fall handelt es sich hier eher um eine Empfehlung als um eine Beschreibung eines notwendigen Moments musikalischer Praxis. Viele Künstler verstehen ihr Handeln im Gegensatz zu einer eher *konservativen* Position, wie Wynton Marsalis sie vertritt, explizit derart, dass es einen Bruch mit der Tradition künstlerischen Produzierens darstellt. Man kann sagen: Sie verstehen ihre Position so, dass sie mit Blick auf die überkommene Tradition durch eine *revolutionäre* Agenda charakterisiert ist. Hier kann man an die Avantgarden innerhalb der Musik wie auch in anderen Künsten denken.[6] Hat nun eine konservative oder revolutionäre Position recht? Wir brauchen diese Frage hier noch nicht zu beantworten – ich komme gleich auf sie zurück. Zunächst reicht es, wenn wir festhalten: Dass künstlerisches Handeln notwendig Verkörperung von Traditionen ist, kann nicht so gemeint sein, dass ein derartiger Dissens überhaupt möglich wird. Denn dann wäre es einfach eine Frage der Entscheidung, ob man eine Tradition fortschreibt oder sie gänzlich hinter sich lässt. Dieser Punkt noch einmal anders formuliert: Ein derartiger Dissens muss etwas *anderes* meinen als das, was er zunächst zu meinen scheint, wenn die These, dass künstlerisches Handeln per se verkörperte Tradition ist, wahr sein soll. Zweitens (ii) kann die These, dass künstlerisches Handeln als solches verkörperte Tradition ist, nicht so gemeint sein, dass jedes Komponieren, jedes Aufführen eines Werks und jede Improvisation Momente der musikalischen Traditionen, in denen das entsprechende Komponieren, Aufführen und Improvisieren stattfindet, *explizit thematisiert*. Zwar ist es so, dass nicht wenige Werke der Neuen Musik *auch* so verfahren, dass sie in der Darbietung von Klängen und Geräuschen zugleich thematisieren, was Musik überhaupt ist, und sie dabei nicht selten sogar die Tradition europäischer Kunstmusik explizit als Tradition thematisieren. Wird dabei notwendigerweise neu ausgehandelt, was es überhaupt heißt, ein musikalisches Werk oder Ereignis zu sein, so handelt es sich dennoch nur um eine bestimmte, keineswegs generalisierbare Möglichkeit dieser Aushandlung.[7] Auch im Jazz sind im Rahmen von

6 Vgl. zur musikalischen Avantgarde auch die Beiträge im Sammelband Albrecht Riethmüller (Hg.), *Revolution in der Musik. Avantgarde von 1200 bis 2000*, Kassel, Basel 1989.

7 Man kann die Arbeiten von Jacques Rancière so lesen, dass er gleichwohl behaup-

Improvisationen derartige Thematisierungen der eigenen Tradition potenziell möglich, wenn nämlich musikalische Phrasen bestimmter Musiker oder stilistisch charakteristische Merkmale bestimmter Stile des Jazz in einer Weise verwendet werden, dass sie als Anderes im Eigenen hörbar bleiben und nicht etwa bloß den Charakter einer Anspielung gewinnen. Man kann hier etwa an die Version von Duke Ellingtons *Rockin in Rhythm* denken, die sich auf der Platte *Night Passage* von Weather Report befindet; und man kann vor allem mit Blick auf Joe Zawinuls markanten wie synthetischen Keyboard-Sound festhalten, dass hier eine Auseinandersetzung mit dem Idiom des Swing im Medium des Fusion stattfindet. Solche Beispiele dürften aber anders als in der Neuen Musik, die man in weiten Teilen überhaupt nicht versteht, wenn man nicht versteht, dass sie auch Musik *über* Musik ist, eher eine Ausnahme sein. Darunter fällt nicht das im Jazz durchaus geläufige parodistische Aufgreifen des Stils anderer Musiker im Rahmen von *Cutting Sessions*, das heißt musikalischen Wettkämpfen zwischen zwei oder mehr Solisten auf der Bühne. Und es fällt darunter auch nicht der keineswegs seltene Fall, dass im Rahmen einer Jazzimprovisation zwei Solisten derart miteinander interagieren, dass ihr Spiel in Sachen Sound und Stil in bestimmten Momenten ununterscheidbar wird. Hier wäre etwa an Passagen der Improvisation von Sonny Rollins und John Coltrane über *Tenor Madness* zu denken und, um zwei jüngere Beispiele zu nennen, auch an John McLaughlins und Jerry Goodmans Spiel auf einigen Platten des Mahavishnu Orchestra oder an Bob Mintzers und Kurt Ellings gemeinsames Solieren über Hancocks *Eye of the Hurriance* bei Performances der Bob Mintzer Big Band. Es gibt also Kompositionen und mit Einschränkungen auch Improvisationen, die in dieser Weise musikalische Tradition zitieren. Aber derartige künstlerische Verfahrensweisen sind eben künstlerische Verfahrensweisen, und zwar jeweils *besondere* künstlerische Verfahrensweisen – und damit kein notwendiges Moment künstlerischen Handelns überhaupt.

Den Gedanken, dass jedes künstlerische Handeln eine Verkörperung von Traditionen ist, kann man sich hingegen dann verständlich machen, wenn man noch einmal auf die eben genannte

tet, dass *jedes* künstlerische Objekt oder Ereignis etwas Derartiges tut. Vgl. Jacques Rancière, *Die Aufteilung des Sinnlichen. Die Politik der Kunst und ihre Paradoxien*, Berlin 2006.

Alternative zwischen einem konservativen und einem revolutionären Verhältnis zur Tradition in anderer Weise zu sprechen kommt. Beide Alternativen sind nämlich nicht allein deshalb problematisch, weil sie dasjenige normativ zur Kunst erklären, was ihre jeweilige Agenda eben zur Kunst erklärt. Offensichtlich bleiben beide dabei mindestens auf einem Auge blind. Das zentrale Problem ist vielmehr ein anderes: *Sie teilen beide die Voraussetzung, dass Tradition mit Veränderung nicht vereinbar ist.* Der Vertreter einer konservativen Agenda erklärt die bestehende Praxis für sakrosankt und beruft sich auf sie, um substanzielle Veränderungen abzulehnen. Der Vertreter einer revolutionären Agenda erklärt die bestehende Praxis für fehlgeleitet und weist sie gänzlich zurück, um substanzielle Veränderungen zu ermöglichen. Die Voraussetzung, dass Tradition mit Veränderung nicht vereinbar ist, lässt sich aber bestreiten. Was ich an dieser Stelle mit Tradition meine, wenn ich sage, dass diese eine notwendige Bedingung künstlerischen Handelns überhaupt darstellt, ist etwas, was logisch noch *vor* der Alternative zwischen konservativer und revolutionärer Agenda liegt. Auf beiden Seiten der Alternative ist der Begriff von Tradition, den wir im Auge haben, allein in systematisch verzerrter Weise artikuliert. Das nicht nur deshalb, weil eine konservative Agenda mit ihrem Pochen auf die Tradition für den Wert neuartiger Kunst unempfänglich bleibt und eine revolutionäre Agenda sich gegenüber dem Wert bisheriger Kunst abstumpfen muss. Sie ist in systematisch verzerrter Weise auf der konservativen Seite artikuliert, weil sie fälschlicherweise als etwas Gegenständliches behandelt wird, wie umgekehrt die revolutionäre Agenda übersieht, dass noch das Zurückweisen einer Tradition auf diese Tradition bezogen ist, da es eine Abgrenzung eben nicht von irgendeiner, sondern von *dieser* Tradition ist. Tradition meint weder etwas, was bloß erstarrt ist, noch das ganz Neue. Anders formuliert: Eine bloß erstarrte Tradition ist ein *defizienter Modus* des Seins der Tradition, wie auch das ganz Neue sich als solches nur vor dem Hintergrund des Alten als Neues abheben kann. Diese Überlegungen zielen darauf, Tradition in der Kunst wesentlich so zu verstehen, dass sie sich anhand zweier Momente charakterisieren lässt. Erstens meint Tradition mit Blick auf das künstlerische Handeln *das wie auch immer affirmative oder zurückweisende Anschließen an früheres künstlerisches Handeln.* Man kann auch kurz sagen: Tradition besteht wesentlich darin, dass künstlerische Handlungen aufeinander antworten. Zweitens ist dieses Anschließen nicht so zu erläutern, dass ein vergegenständlichter Bestand künstlerischer Verfahrensweisen vor den jeweiligen Künstler gebracht wird und er sich dann entscheidet und auswählt, an was er anschließt. Das ist ein Zerrbild der Situation, das unter anderem von der Postmoderne gezeichnet worden ist.[8] Tradition weist vielmehr ein *wesentlich unthematisches und damit auch unverfügbares Moment* auf.[9] Tradition stellt den Hintergrund dar, vor dem künstlerische Verfahrensweisen überhaupt erst thematisch werden können und ein Anschließen oder Ablehnen allererst möglich wird. Das heißt aber letztlich, dass Anschließen oder Ablehnen in diesem Sinne *zwei besondere Modi* des Aufgreifens von Tradition sind und keineswegs auf begrifflicher Ebene sich ausschließende Alternativen. Tradition ist dabei ein Hintergrund nicht in einem statischen, sondern vielmehr in einem dynamischen Sinne. Das deshalb, weil im Rahmen der Erfindung neuer künstlerischer Verfahrensweisen und Formen etwas an bestehenden Verfahrensweisen und Formen sichtbar wird, was vormals nicht in den Blick kommen konnte. Darüber hinaus ist Tradition inhaltlich bestimmt. Eine musikalische Praxis ist etwas, was weder vom Himmel fällt noch sich aus einem kruden Begriff der menschlichen Natur ableiten lässt. Sie unterliegt nicht allein historisch-kulturellen Veränderungen, sondern ist durch und durch historisch-kulturell situiert. Es wäre reine Geschichtsklitterung, zu behaupten, die antike musikalische Praxis sei mit unserer in entscheidenden Hinsichten vergleichbar. Das schließt aber gerade nicht aus – und das ist eine wesentliche Einsicht, die mit dem Rekurs auf den Begriff der Tradition verbunden ist –, dass die antike musikalische Praxis und unsere musikalische Praxis beide gleichermaßen als Formen musikalischer Praxis zu qualifizieren sind. Das sind sie, weil sie wesentlich als Momente eines ausdifferenzierten historischen Antwortgeschehens zu begreifen sind.

8 Vgl. zur Postmoderne etwa die Beiträge in Hal Foster (Hg.), *The Anti-Aesthetic. Essays on Postmodern Culture*, Port Townsend/Washington 1983. Peter Kemper (Hg.), *Postmoderne oder Der Kampf um die Zukunft. Die Kontroverse in Wissenschaft, Kunst und Gesellschaft*, Frankfurt/M. 1988.

9 Auf diese Weise hat bereits Heidegger die hermeneutische Vorstruktur insgesamt charakterisiert, wenn auch freilich in erster Linie im Sinne von Formen praktischen Wissens. Vgl. den ersten Teil von Martin Heidegger, *Sein und Zeit*, Tübingen 2001.

Hier drängt sich vielleicht noch einmal eine Variante des bereits mit Blick auf die Möglichkeit einer authentischen Persönlichkeit erhobenen Einwands auf. Sind wir nicht Gefangene unserer Kultur und unserer Geschichte, wenn all unser Handeln Verkörperung von Traditionen ist? Mindestens drei Gegenargumente lassen sich gegen diese spezifische Wendung des Einwands formulieren – zwei schwächere und ein stärkeres. Ein erstes, defensives Gegenargument könnte lauten (i), dass der Rekurs auf Traditionen allein mit Blick auf bestimmte Arten von Praktiken wie etwa künstlerische Praktiken notwendig ist. Dieses unterbietet aber offensichtlich die schon entwickelte These, dass das traditionale Moment etwas sein soll, was noch vor der Alternative einer konservativen oder revolutionären Agenda liegt. Zweitens (ii) sollte man sich gerade mit Blick auf die Kunst von der Idee verabschieden, es gäbe eine einheitliche Tradition. Vielmehr gibt es eine Vielzahl von Traditionen, die in komplexen Formen des Austausches oder der Ausdifferenzierung stehen. Drittens schließlich (iii) – und das ist der wesentliche Punkt – ist es so, dass die Rede davon, dass man ein Gefangener einer Kultur sei, eigentlich nur Sinn ergibt vor dem Hintergrund von Phänomenen mehr oder weniger umfassender Entfremdung. Man kann hier eine Argumentation aus den philosophischen Debatten zur Frage der Freiheit und des Determinismus zu Rate ziehen.[10] Diese Debatten beschäftigen sich mit der Frage, inwieweit wir tatsächlich den Gedanken verstehen, dass wir Menschen frei handelnde Wesen sind. Ist unser Handeln nicht in vielfältiger Weise festgelegt und damit determiniert? Die entscheidende Einsicht lautet hier, dass diese Determinierung gerade nicht bedeutet, dass wir unfrei wären. Die Frage der Freiheit oder Unfreiheit stellt sich vielmehr ausgehend von der Frage, ob wir auf *richtige Weise* determiniert sind – etwa durch gute Gründe, unsere Wünsche oder Neigungen und nicht durch pathologische Abhängigkeiten oder Formen sozialen Drucks. Ein Begriff der Freiheit, der davon ausgeht, dass diese unvereinbar mit Determinierungen sei, ist kein Begriff der Freiheit, sondern ein Begriff des Zufalls. Wendet man diesen Gedanken auf die Frage an, die uns hier beschäftigt, so lässt sich festhalten: Es ist nicht nur so, dass ein künstlerisches Handeln

10 Vgl. als Einführung in diese Debatte und auch als Vorschlag, dessen grundsätzliche Richtung hier unterschrieben wird: Peter Bieri, *Das Handwerk der Freiheit*, Frankfurt/M. 2011.

außerhalb von Tradition nicht möglich ist. Und es ist nicht nur so, dass wir angesichts dieser Tatsache nicht betrübt sein sollten. Anders gesagt: Wenn wir betrübt darüber sind, haben wir überhaupt nicht verstanden, was künstlerisches Handeln als künstlerisches Handeln ist. Es ist vielmehr und vor allen Dingen so, dass Tradition *etwas Produktives* ist im Sinne eines wesentlichen Moments dessen, was es heißt, künstlerisch zu handeln. Und dieser Punkt würde nur dann dafür sprechen, dass wir Gefangene unserer Kultur sind, wenn erstens Tradition mit Veränderung unvereinbar wäre, was nicht der Fall ist, und wenn man zweitens überhaupt den Gedanken eines Subjekts, das außerhalb von Geschichte und Kultur lebt, verständlich machen könnte – einen Gedanken, den man nicht verständlich machen kann. Das nicht deshalb, weil er kontrafaktisch ist, das heißt, weil es kein Subjekt gibt, das tatsächlich außerhalb von Kultur und Geschichte lebt. Man kann diesen Gedanken vielmehr deshalb nicht verständlich machen, weil hier eine Perspektive vorausgesetzt ist, die keine menschliche mehr ist und damit auch den spezifisch menschlichen Weltbezug nicht länger aufklären kann.

Mit der These, dass jedes künstlerische Handeln verkörperte Tradition ist, ist aber nicht ein bloß produktionsästhetischer Aspekt benannt – wie man ausgehend von einer praxeologischen Perspektive insgesamt skeptisch sein muss gegenüber Vorschlägen, die Produktion und Rezeption für sich und nicht ausgehend von der Einheit einer Praxis zu erläutern versuchen. Diese in Frage stehende These ließe sich genauso hinsichtlich der Rezeption von Musik ausbuchstabieren. Aber bislang ist damit noch nichts Spezifisches zum Jazz oder zur europäischen Kunstmusik gesagt. Die Überlegungen haben Gültigkeit sowohl für den Jazz, als auch für die europäische Kunstmusik. Man kann sogar die Position vertreten, dass sie einen *grundsätzlichen* Aspekt des menschlichen Standes in der Welt kennzeichnen: Unser verstehender Umgang mit der Welt ist wesentlich bestimmt durch die Traditionen, in denen wir stehen, was gerade nicht der These widerspricht, dass es sich hier um einen verstehenden Umgang mit der *Welt* handelt.[11] In diesem Sinne möchte ich mich nun im Rahmen der folgenden Diskussion

11 Vgl. in diesem Sinne noch einmal McDowell, *Mind and World*, vor allem die letzte Vorlesung.

spezifischer dem Jazz zuwenden und erörtern, in welcher Weise das traditionale Moment mit Blick auf die Entwicklung einer musikalischen Persönlichkeit hier artikuliert ist. Leitend wird der Gedanke sein, dass das hier insofern in besonderer Weise geschieht, als Jazz eine wesentlich interaktive Kunstform ist.

II.

Ich hatte mehrfach davon gesprochen, dass Improvisation eine Fähigkeit meint, die komplexe Formen der Einübung voraussetzt. In diesem Einüben spielt vor allem die Auseinandersetzung mit der Spielweise anderer Musiker eine wichtige Rolle. Allgemein lässt sich festhalten: Man gelangt zu einer eigenen Artikulation, indem man sich mit den Artikulationen anderer auseinandersetzt. Zum Erwerb der Fähigkeit der Improvisation im Jazz gehört es in diesem Sinne nicht nur, dass man immer wieder die Aufnahmen einzelner Performances gründlich nachvollzieht, sondern auch, dass man einzelne Soli oder Begleitungen minutiös nachspielt, um sie in praktisches Wissen umzumünzen. Es ist kein künstlerischer Unfall, wenn ein junger Jazzmusiker zunächst im Stil eines anderen Musikers spielt. Nach und nach wird sich seine eigene Stimme als eine eigene in dem Sinne, dass sie nicht bloß wie die Stimme eines anderen Musikers klingt, durch die Auseinandersetzung mit den Spielweisen anderer Musiker immer mehr herausbilden. In diesem Sinne dient die Praxis des Transkribierens und mehr noch des Nachspielens nicht bloß der Schulung des eigenen Gehörs – was unverzichtbar ist, um in Improvisationen tatsächlich aufeinander eingehen zu können. Wer nicht im Sinne eines praktischen Wissens hört, dass der Pianist den Dominantseptakkord gerade durch einen Sus4-Akkord oder ihn durch einen funktional äquivalenten Akkord in Form einer Tritonussubstitution ersetzt hat oder dass er gerade beginnt, die funktionsharmonische Verbindung zu überschreiten und modal zu spielen, kann kaum auf die anderen Musiker in einer angemessenen Weise reagieren. Die Praxis der Transkription und vor allem des minutiösen Nachspielens hilft dabei, derartige Sensibilitäten zu entwickeln. Sie dient aber auch und vor allem der Ausbildung der eigenen Ausdrucksfähigkeit und letztendlich der Entwicklung einer eigenen Stimme im Reigen aller anderen Stimmen und damit der Entwicklung eines eigenen Stils. Das lässt sich selbst mit Blick auf die Praxis des Spielens von so genannten *Licks* geltend machen, auf die ich schon zu sprechen gekommen bin. Viele Laien halten diese Praxis für verbreiteter, als sie tatsächlich ist. Nicht jeder Jazzmusiker hat in seiner Ausbildung den ganzen Tag *Licks* geübt. Viele Laien halten sie aber vor allem fälschlicherweise für ein bloßes mechanisches Auswendiglernen. In der Tat hat das Üben von *Licks*, wenn man es denn für eine sinnvolle Praxis hält und auf diesem Wege einen Zugang zum Jazz finden will, etwas Mechanisches. Man übt melodische Phrasen in allen möglichen Tonarten, Tempi und Rhythmen, bis sie einem in Fleisch und Blut übergehen. Aber nutzt man diesen Weg im Verbund mit anderen Praktiken zur Entwicklung der eigenen musikalischen Ausdrucksfähigkeit, so verlieren diese *Licks* jedes mechanische Moment. Dass uns die geübten musikalischen Phrasen in Fleisch und Blut übergehen, heißt eben, dass sie zu etwas Eigenem gemacht werden. Sie verlieren dadurch sozusagen die skizzierten problematischen Charakteristika von *Licks*. Das lässt sich vor allem und nicht zuletzt anhand der Tatsache ausweisen, dass sie je nach Stellung in einem Solo – und sogar je nach persönlichem Stil in ihrer Phrasierung, ihrem Rhythmus und so weiter – immer anders gespielt werden. Ein Solo ist dann keineswegs mehr die Zusammensetzung von *Licks*, sondern die Einheit einer musikalischen Artikulation, in deren Rahmen bestimmte ihrer Elemente nur noch in falscher, weil atomistischer Weise als *Licks* beschrieben werden können.

Diese anhand des Spielens von *Licks* vorgenommene Beobachtung, dass der Rückgriff auf eine Tradition des Musizierens insofern ein Rückgriff auf eine lebendige Tradition ist, als sie in jeweils spezifischer Weise durch den einzelnen Musiker aufgegriffen und fortentwickelt wird, lässt sich selbst am Beispiel einer der wohl markantesten Dimensionen des Jazz nachzeichnen: am Swing. Der Ausdruck »Swing« bezieht sich bekanntermaßen nicht allein auf einen bestimmten historischen Stil des Jazz, sondern auch auf eine bestimmte rhythmische Qualität, die charakteristisch für den Jazz ist; um Letztere geht es mir im Folgenden. Eine Vorbemerkung, die die Wichtigkeit des Swing für den Jazz absteckt, ist hier zunächst vonnöten. Anders als man denken könnte, handelt es sich beim Swing nämlich keineswegs um eine notwendige Bedingung des Jazz. Es handelt sich vielleicht allein um eine hinreichende

Bedingung, wenn Swing als ein evaluativer Begriff in dem Sinne gebraucht wird, dass Swing eine bestimmte positiv zu bewertende Qualität der entsprechenden Musik meint. Swing ist deshalb keine notwendige Bedingung, weil Rhythmen des Rhythm and Blues oder Gospel ebenso wie spätestens seit den 1960er Jahren lateinamerikanische Rhythmen und hier vor allem der Bossa Nova in den Jazz integriert worden sind. Die Improvisationen von Horace Silver und Stan Getz sind auch dann, wenn sie mit einem Rhythmus des Bossa Nova verbunden sind, Jazzimprovisationen. Denkt man zudem daran, dass bei einem Großteil des Fusion kaum noch Swing zum Einsatz kommt, ist deutlich, dass etwas Jazz sein kann, ohne zu swingen – bei Gruppen wie Weather Report, Return to Forever, Mahavishnu Orchestra und auch den Alben *In a Silent Way* und *Bitches Brew* von Miles Davis, die heute nicht nur als Gründungsdokumente des Fusion gelten, sondern an denen auch viele der später für die Entwicklung des Fusion maßgeblichen Musiker beteiligt waren, handelt es sich, anders als einige Puristen meinen, nämlich nicht um eine Verfallsform des Jazz, sondern schlicht und einfach um Jazz. Obwohl man vielleicht geneigt wäre, wie bezüglich der Improvisation zu sagen, dass jemand nur dann ein Jazzmusiker ist, wenn er die Fähigkeit hat, zu swingen, auch wenn nicht jede seiner Improvisationen in einem Swingrhythmus sein muss, um als Jazz zu gelten, bleibt es richtig, dass eben *nicht* jede Performance swingen muss, um Jazz zu sein. Folglich handelt es sich beim Swing nicht um eine notwendige, vielleicht nur um eine hinreichende Bedingung. Dennoch ist Swing definitiv ein wesentliches Merkmal des Jazz.[12] Swing kann man allgemein so erläutern, dass die Musik eine rhythmische – aber nicht nur rhythmische – Qualität hat, die man paradoxerweise als eine Gleichzeitigkeit von Anspannung und Entspannung charakterisieren muss. Swing ist zugleich treibend und relaxt. Eine derartige rhythmische Qualität ist eine wesentliche Neuerung des Jazz gegenüber der Tradition der europäischen Kunstmusik. Gerade in dieser Dimension sind vielleicht die afrikanischen Wurzeln des Jazz besonders deutlich hörbar. In dieser Hinsicht weisen viele Jazzperformances eine gewisse Nähe zur Ekstase, zum Tanz und zur körperlichen Animation auf.

12 Vgl. in diesem Sinne noch einmal Hagberg, »On Representing Jazz: An Art Form in Need of Understanding«.

Insgesamt führt als Kennzeichnung der rhythmischen – aber nicht nur der rhythmischen – Qualität der Begriff des Groove eventuell weiter als der des Swing, denn er meint in allgemeinerer Weise genau solche Momente. Dadurch kann es sich aber wiederum nicht um eine hinreichende Bedingung handeln – denn Groove ist auch in anderer Art und Weise für den Soul, den Funk, den Drum and Bass, den Blues und auch viele Spielarten des Rock charakteristisch. Man sollte deshalb vielleicht allein festhalten, dass Swing, als evaluativer Begriff verwendet, eine hinreichende Bedingung des Jazz ist, mehr aber auch nicht. Wenn auch selbst noch die meisten Balladen einen spezifisch schwebenden Groove aufweisen, so wäre der Begriff des Groove wohl überdehnt, würde man ihn auf den deutschen Free Jazz der 1970er Jahre anwenden. Auch wenn man angesichts einiger Entwicklungen im deutschen Free Jazz ernsthaft geneigt sein könnte, diese künstlerischen Ereignisse eher der Performancekunst zuzurechnen als dem Jazz, so kann man das doch nicht angesichts aller Entwicklungen dieser Musik und vor allem auch nicht hinsichtlich des amerikanischen Free Jazz sagen. Das meiste, was unter dem Etikett des Free Jazz firmiert, ist Jazzmusik in vollem Sinne auch dann, wenn es weder swingt noch groovt.

Das als Vorbemerkung – nun werde ich Swing etwas genauer charakterisieren und zeigen, dass der Gedanke der verkörperten Tradition selbst noch für diese Dimension des Jazz gilt. Spezifischer lässt sich Swing als eine rhythmische Qualität erläutern, die nicht allein aus dem Grunde, dass sie ein eigentümliches Ineinander von Entspannung und Anspannung ist, im konventionellen Notationssystem der Tradition der europäischen Kunstmusik nicht beschreibbar ist. Das ist vielmehr auch deshalb so, weil die gespielten Noten hier *zwischen* geraden Achteln, punktierten Achteln und Sechzehntelnoten liegen, aber eben nicht, wie häufig fälschlicherweise behauptet, Swing-Achtel einfach als Achteltriolen gespielt werden, von denen nur die erste und die dritte Triole wiedergegeben wird. Ein Shuffle ist noch kein Swing, und von Laien gespielter Dixieland hat mit Swing so viel zu tun, wie ein Blockflötenkonzert von Erstklässlern mit künstlerisch bedeutsamer Musik. Auch ist der Swing nicht hinreichend dadurch beschrieben, dass es sich bei ihm um eine Spielart der Synkope handelt, das heißt eines Aufbrechens der rhythmisch betonten Taktschläge. Es ist zwar so, dass der Zuhörer wie der Performer zumeist die zweite und die vierte Zählzeit im Vierviertelakt als schwere Taktzeiten fühlt. Aber er fühlt sie in gewisser Weise *gar nicht mehr* als Taktzeiten. Was er fühlt, ist nur noch ein Puls, von dem jeder einzelne Schlag schwerer wahrgenommen wird als der jeweils vorangehende. Mit Blick auf die Frage der Platzierung der Noten ist es so, dass die Noten *gar nicht* an einer festen Stelle zwischen geraden und punktierten Achteln platziert werden, sondern jeweils an leicht unterschiedlicher Stelle – je nach Stellung der Phrase im Fortgang des Solos, der Spielweise der anderen Musiker und auch und vor allem je nach persönlichem Stil. Selbst die Frage der rhythmischen Platzierung der Noten ist noch eine Frage des persönlichen Stils, und ein wesentliches Moment des Erwerbs der Fähigkeit zur Jazzimprovisation besteht auch darin, die eigene Stimme hinsichtlich der rhythmischen Gestaltung dieser Musik zu entwickeln. Hat man einmal eine Aufnahme von Thelonious Monk kontrastiv zu denen von Bill Evans gehört, weiß man, was ich hier im Auge habe. Und was die Plastizität der rhythmischen Gestaltung angeht, ist selbst der Beat nicht sakrosankt und dem Zugriff des einzelnen Musikers entzogen: Man kann leicht vor oder leicht hinter dem Beat spielen – *forward* oder *laid back* –, ohne dass man dadurch nicht mehr swingen würde. Anders gesagt: Die musikalische Artikulation eines fortgeschrittenen Jazzmusikers ist immer auch eine, in welcher die rhythmische Gestaltung der Musik *selbst* Teil dessen ist, was hier angeeignet und in jeweils spezifischer Weise fortentwickelt wird. Sie ist in gewisser Weise genauso plastisch wie die harmonischen, melodischen, soundbezogenen und phrasierungsbezogenen Momente des Stils und immer schon mit ihnen amalgamiert.

Was bislang deutlich geworden sein sollte, sind spezifische Momente dessen, was es im Jazz heißt, künstlerisches Handeln als verkörperte Tradition zu begreifen. Die meines Erachtens wichtigste Dimension, die, wie sich noch zeigen wird, allererst die genannten Momente verständlich macht, habe ich bislang allerdings ausgespart: *Der Jazz ist eine musikalische Praxis, die auch und vor allem wesentlich interaktiv ist.* Diese Dimension möchte ich nun genauer in den Blick nehmen. Unter Interaktion in der Musik kann man Verschiedenes verstehen. Zwei Erläuterungen des Begriffs sind besonders naheliegend. Erstens die Interaktion zwischen Publikum und Musikern und zweitens die Interaktion der Musiker untereinander. Beides taucht im Jazz in besonders ausgeprägter Weise auf;

wesentlich ist hier aber der zweite Aspekt, so dass ich den ersten nur kurz kommentieren werde. Zunächst also zum ersten Aspekt (i), zur Interaktion zwischen Publikum und Musikern. Jemand, der ausschließlich eher konservative Konzerte mit Darbietungen von Werken der Tradition europäischer Kunstmusik besucht hat, dürfte bei seinem ersten Besuch einer *Jamsession* schockiert sein. Zwar bleibt das Publikum meistens auf seinen Plätzen sitzen, aber normalerweise – zumal dann, wenn die Session ein bestimmtes musikalisches und energetisches Niveau erreicht – reagiert es in mehr oder weniger lautstarker Weise auf das, was auf der Bühne passiert. Und die Musik bleibt davon nicht unberührt: Begeisterte Ausrufe und Anfeuerungen des Publikums können mitunter besonders gelungene ästhetische Leistungen aus den Musikern herauskitzeln. Es entsteht also so etwas wie eine temporäre Vereinigung der Musiker und des Publikums in einer ästhetischen Gemeinschaft, die so lange besteht, wie die entsprechende Performance dauert – denn Jazzperformances sind Ereignisse, die in besonders markanter Weise an Zeit und Ort ihres Sich-Ereignens gebunden sind. Diese Art der Interaktion ist der herkömmlichen Situation im Konzertsaal eher fremd. Man muss gleichwohl wieder vorsichtig sein, wollte man diese Aussage im Sinne einer strikten Gegenüberstellung der musikalischen Situation bei der Darbietung von Werken in der Tradition europäischer Kunstmusik und bei Jazzperformances verstehen. Nicht allein waren derartige Interaktionen in der Tradition europäischer Kunstmusik historisch durchaus nicht immer ungewöhnlich oder verpönt; in der Neuen Musik treten sie in anderer und gegenüber dem Jazz sogar zumeist noch radikalerer Weise auf, wenn bestimmte Darbietungen selbst Züge von Ereignissen der Performance als Kunstform tragen. Derartige Entwicklungen sind zudem in vielen Formen des Theaters spätestens seit der zweiten Hälfte des 20. Jahrhunderts gang und gäbe.[13] Umgekehrt werden heute natürlich auch viele Jazzperformances in Konzert- und Opernhäusern ausgetragen und nicht nur deshalb in einer Weise rezipiert, die zumindest tendenziell analog zur Rezeption von Darbietungen von Werken der Tradition europäischer Kunstmusik ist. Das ist nicht allein eine Frage der durchaus fortgeschrittenen Institutiona-

13 Vgl. dazu Erika Fischer-Lichte, *Ästhetik des Performativen*, Frankfurt/M. 2004. Hans-Thies Lehmann, *Postdramatisches Theater*, Frankfurt/M. 2005.

lisierung des Jazz – was sich etwa in den schon lange bestehenden Studiengängen für Jazz an den meisten Musikhochschulen, aber auch in der Förderung des Jazz durch die private wie die öffentliche Hand artikuliert. Das ist vielmehr auch und nicht zuletzt eine Frage der jeweiligen Spielart des Jazz – so passen die selbst stark von der romantischen Tradition der Klaviermusik beeinflussten Performances von Bill Evans oder Brad Mehldau sicherlich besser in einen derartigen Kontext als die kompromisslose Spielweise eines Albert Ayler oder die wilden Kollektivimprovisationen eines Pharoah Sanders. Derartige Beurteilungen tragen natürlich immer einen deutlich historischen Index: Hörte sich der Bebop zur Zeit seiner Erfindung für viele Zeitgenossen noch wie chaotischer Lärm an, kann man ihn heute problemlos in fast jeder Bar in Berlin Mitte als coole Hintergrundmusik laufen lassen.

Der zentrale Punkt ist aber der zweite Aspekt (ii), nämlich die Interaktion zwischen den Musikern. Jazz ist eine Musik, die wesentlich durch Reaktionen der Musiker aufeinander im Rahmen einer Livesituation zustande kommt. Man muss sogar sagen, dass Jazz eine Musik ist, die wesentlich in Form der *Gruppenimprovisation* ausgeübt wird. Hier drängen sich natürlich sofort zwei Einwände auf: Ist es nicht erstens so, dass beim Spielen von Standards häufig immer nur einer nach dem anderen improvisiert? Und ist es nicht zweitens so, dass die Soloimprovisation genauso wichtig ist wie die Gruppenimprovisation? Zum ersten Einwand ist Folgendes festzuhalten: Zwar ist es durchaus so, dass beim Spielen von Standards in gewisser Weise einer nach dem anderen improvisiert. Häufig sieht das so aus: Zunächst wird das Thema gespielt, dann spielen die Bläser, das Klavier oder die Gitarre, schließlich vielleicht noch der Bass und auch das Schlagzeug; Letzteres wiederum entweder alleine oder zum Beispiel in einem zweitaktigen oder viertaktigen Wechsel mit einem Harmonie- oder Melodieinstrument. Diese Praxis ist aber gänzlich falsch beschrieben, wenn man sagt, dass immer einer improvisiert und der Rest bloß begleitet. Das ist zumindest dann so, wenn man meint, begleiten hieße nicht improvisieren. *Denn im Jazz ist die Begleitung selbst ein bestimmter Modus der Improvisation.* Man muss hier betonen, dass das so genannte *Comping*, also die Begleitung eines Solisten auf einem Harmonieinstrument in Form des Setzens von Akkorden, keineswegs etwas vorher Festgelegtes ist, was die Wahl der Akkorde und der jeweiligen Setzung der Stimmen angeht. Gleiches gilt für die Begleitung auf dem Bass und Schlagzeug. Die Begleitung reagiert dynamisch auf das, was der Solist tut und gibt mitunter selbst Anstöße für Richtungen, die der Solist dann weiterverfolgen kann – auf dem Harmonieinstrument etwa durch ungewöhnliche Reharmonisierungen und Rhythmen, auf dem Schlagzeug zum Beispiel durch das plötzliche Spielen von Double Time oder den Wechsel von Sticks zum Besen. Anders gesagt: Das Verhältnis zwischen Solo und Begleitung ist *selbst* wesentlich interaktiv, und es ist nicht so, dass der Solist aktiv ist, wohingegen die Begleiter passiv sind. Man kann die gängige Praxis, dass unterschiedliche Musiker nacheinander beim Spielen eines Standards solieren, eher so beschreiben, dass die Artikuliertheit der Stimmen der Begleiter zugunsten der Artikuliertheit der Stimme des Solisten in den Hintergrund tritt. Dadurch wird die eine Stimme aber nicht aktiv, und die anderen werden nicht passiv in dem Sinne, dass einer improvisiert und die anderen nicht improvisieren. Zum zweiten Einwand, dem Verweis darauf, dass die Soloimprovisation genauso wichtig wie die Gruppenimprovisation ist: Natürlich ist die Soloimprovisation ästhetisch nicht weniger wert als die Gruppenimprovisation. Es wäre irritierend, zu meinen, dass Keith Jarretts bekanntes *Köln-Konzert* oder Cecil Taylors expressive Soloimprovisationen am Klavier deshalb ästhetisch weniger wert sind, weil hier alleine agiert wird. Dennoch kann man den Begriff der Soloimprovisation nicht ohne Bezugnahme auf den Begriff der Gruppenimprovisation verständlich machen. Das aus zwei Gründen: Zum einen ist die Genese der Fähigkeit zur Soloimprovisation abhängig von Einübungen in Gruppenimprovisationen. Die Fähigkeit zur Improvisation ist nicht nur eine Fähigkeit, die eine nichtlineare Erarbeitung in Form komplexer Einübungen voraussetzt, sondern auch eine Fähigkeit, die in einem Einüben in das Spiel mit anderen besteht. Anfänger verdienen sich genau aus diesem Grunde zumeist auf Jamsessions ihre Meriten. Zum anderen – und dieser Punkt macht allererst den ersten Punkt verständlich – *ist die Soloimprovisation auch in der Ausübung und nicht bloß im Erwerb der Fähigkeit als ein bestimmter Modus der Gruppenimprovisation zu begreifen.* Improvisiert man alleine, so macht man gewissermaßen mit sich selbst musikalisch das, was man sonst musikalisch in der Interaktion mit anderen macht. Man reagiert auf das, was man getan hat: Im Lichte der späteren Entwicklung des Solos greift man etwas auf, was man vorher getan hat, lässt es vielleicht abreißen, gewinnt ihm einen neuen Sinn ab und so weiter. Dass jeder Zug innerhalb der Improvisation eine Reinterpretation aller vorangehenden Züge ist, ergibt sich bereits aus der retroaktiven Zeitlichkeit der Improvisation, die ich im letzten Kapitel rekonstruiert habe. Worum es mir an dieser Stelle geht, ist Folgendes: *Die Zeitlichkeit der Jazzimprovisation ist nicht allein eine retroaktive Zeitlichkeit, sondern eine wesentlich interaktiv geteilte Zeitlichkeit.*

Ich möchte die Art und Weise, in welcher Jazz als interaktive Musik zu charakterisieren ist, jetzt weiter untersuchen. Als Ausgangspunkt für eine Spezifizierung scheint es mir hilfreich zu sein, darauf zu verweisen, dass der Jazz von vielen Jazzmusikern immer wieder als eine Art musikalischer Sprache erläutert worden ist.[14] Damit kann offensichtlich nicht gemeint sein, dass der Jazz eine syntaktische oder semantische Struktur wie natürliche Sprachen aufweist, ebenso wenig wie damit gemeint sein kann, dass so etwas wie musikalische Gedanken in einem logischen Ableitungsverhältnis stehen.[15] Damit ist zunächst gemeint, dass man in der Charakterisierung von Jazzsoli häufig Kategorien ins Spiel bringt, die sich aus der Beschreibung von Geschichten herleiten. Mit Blick auf eine narrative Charakterisierung der Struktur von Jazzsoli muss natürlich festgehalten werden, dass sie keine Geschichten in dem Sinne erzählen, dass man zumindest einige Passagen dieser Geschichten auch in propositionaler Form wiedergeben könnte. In jedem Fall hat ein Jazzsolo keinen Plot in dem Sinne,[16] wie ihn

14 Vgl. dazu auch Garry L. Hagberg, »The Aesthetics of Jazz Improvisation«, in: Michael Kelly (Hg.), *Encyclopedia of Aesthetics*, New York, Oxford 1998, S. 479-482. Robert Kraut, »Why Does Jazz Matter to Aesthetic Theory?«, in: *The Journal of Aesthetics and Art Criticism* 1 (2005), S. 3-15.

15 Vgl. zum Verhältnis von Musik und Sprache insgesamt auch Wellmer, *Versuch über Musik und Sprache*. Sowie die Beiträge des von Christian Grüny herausgegebenen Sammelbandes: Christian Grüny (Hg.), *Musik und Sprache. Dimensionen eines schwierigen Verhältnisses*, Weilerswist 2012.

16 Kendall Walton vertritt eine Minderheitenposition, wenn er den Gedanken ernst nimmt, dass Musik als repräsentational begriffen werden kann. Vgl. Kendall Walton, »Listening with Imagination. Is Music Representational?«, in: *The Journal of Aesthetics and Art Criticism* 1 (1994), S. 47-61. Dass es sich bei der Alternative zwischen formalistischen und repräsentationalistischen Musiktheorien um eine falsche Alternative handelt, hat Richard Eldridge ausgehend von Hegels Musikphilosophie meines Erachtens überzeugend gezeigt. Vgl. Richard

eine Geschichte aufweist, sondern eher so etwas wie bestimmte gestische Dimensionen. Treffend ist diese Analogie aber gleichwohl deshalb, weil auch ein Solo ins Stolpern geraten kann, inkohärent werden kann, monoton oder redundant sein kann. All das können auch Geschichten sein. Schon diese Prädikate und mögliche weitere betreffen aber in weiten Teilen auch und vor allem Momente der Performanz des Erzählens von Geschichten im Sinne der expressiven wie gestischen Momente, die sich bei dieser Aktivität einstellen können, und nicht so sehr Aspekte, die unabhängig von der Performanz rekonstruierbar wären. Das deutet bereits darauf hin, dass die Sprachanalogie im Jazz eher pragmatische Dimensionen der Sprach*verwendung* zu meinen scheint als andere philosophisch relevante Aspekte der Sprache. Was die Charakterisierung des Jazz als musikalische Sprache im Kern meint, sind Verwendungen von Sprache, die als kommunikativ zu beschreiben sind. Genauer: Sie meint eine besondere Form der kommunikativen Verwendung von Sprache, die sogar als wesentliches Moment der Sprache überhaupt beschrieben werden kann: *das Gespräch.*[17] Das Gespräch ist kein Sonderfall des Gebrauchs von Sprache, der etwa ihrem Gebrauch zur Beschreibung von Tatsachen nachgeordnet wäre. Es verhält sich, wenn man hier Abhängigkeitsverhältnisse skizzieren wollte, wenn überhaupt eher so, dass die Beschreibung von Tatsachen eine besondere Form des Gesprächs ist. *Interaktiv ist der Jazz vor allem insofern, als er wesentlich die Form eines musikalischen Gesprächs annimmt.*

Nun drängen sich angesichts dieser Charakterisierung wiederum zwei mögliche Einwände auf. Sie lauten: Zeigen nicht erstens die Existenz von *Cutting Sessions*, also musikalischen Wettkämpfen, und zweitens die Möglichkeit des Scheiterns gelingender Interaktionen, dass die Gruppenimprovisation keine Form des musikalischen Gesprächs sein kann? Zur ersten Frage (i), ob die Existenz von *Cutting Sessions* dem Gesprächsmodell im Wege steht: Meines

Eldridge, »Hegel on Music«, in: Stephen Houlgate (Hg.), *Hegel and the Arts*, Evanston 2007, S. 119-145.

17 Hans-Georg Gadamer hat die These vertreten, dass das Gespräch das Wesen der Sprache ausmache. Vgl. den dritten Teil von Gadamer, *Wahrheit und Methode*. Einen vergleichbaren Gedanken entwickelt auch Jürgen Habermas in seiner Theorie des kommunikativen Handelns. Vgl. Jürgen Habermas, *Theorie des kommunikativen Handelns*, 2 Bde., Frankfurt/M. 1981.

Erachtens ist das nicht der Fall. Das in *Cutting Sessions* artikulierte Moment des Wettstreits und des Dissenses steht nicht im Widerspruch zu der Behauptung, dass Jazz vor allem insofern eine wesentlich interaktive Musik ist, als seine Performances den Charakter musikalischer Gespräche annehmen. Denn dieser Einwand setzt eine karikaturhafte Charakterisierung dessen, was ein Gespräch ist, voraus. Gespräche fallen keineswegs immer harmonisch aus. Anders gesagt: Der harmonisch-konfliktfreie Verlauf ist bloß eine *besondere* Form des Verlaufs eines Gesprächs. Der Gegenbegriff zum Gespräch ist nicht der Begriff des Konfliktuösen, sondern vielmehr der Begriff des Abbruchs des Gesprächs. Und *Cutting Sessions* stellen auch dann keine derartigen Abbrüche dar, wenn der Gesprächscharakter musikalischer Interaktion hier mitunter vor dem Hintergrund des Wettstreits fast unsichtbar wird. Relevanter ist der zweite Einwand (ii), der danach fragt, inwieweit das mögliche Misslingen von Interaktionen gegen das Gesprächsmodell des Jazz spricht. Denn manchmal gehen Interaktionen nicht aufgrund handwerklichen Unvermögens oder kontingenter Umstände schief. Es kann passieren, dass einem die Artikulationen eines anderen Musikers oder mehrerer anderer Musiker nichts sagen. Es gelingt nicht, auf das, was ein anderer Musiker tut, in einer Weise zu antworten, dass etwas Produktives dabei herauskommt.[18] Hierbei handelt es sich freilich weniger um einen Abbruch als vielmehr darum, dass man gar nicht erst hineinkommt. Es kommt mitunter in solchen Kontexten zu etwas, was dem ähnelt, was sich der Laie unter dem Spielen von Jazz als Spielen von *Licks* vorstellt: zu einem generischen, rein technischen und unaufmerksamen Runterspielen des Auftritts. Dieser Fall muss deutlich von dem verbreiteten Fall unterschieden werden, dass man das, was ein anderer Musiker gerade tut, unterbricht oder umdeutet. Es muss also deutlich unterschieden werden zwischen dem Fall, in dem man einen anderen Weg einschlägt und diesen auch durchsetzt gegenüber demjenigen, den ein anderer Musiker mit seinen Artikulationen gegangen ist, und dem Fall, dass man in einem wörtlichen Sinne einen anderen Musiker

18 Es kommt dann, um mit einer von Georg W. Bertram vorgeschlagenen Terminologie zu sprechen, nicht zu Anschlussaktionen. Vgl. Georg W. Bertram, »Improvisation und Normativität«, in: Hans-Friedrich Bormann u. a. (Hg.), *Improvisieren. Paradoxien des Unvorhersehbaren. Kunst – Medien – Praxis*, Bielefeld 2010, S. 21-40.

in seinem Spiel unterbricht, indem man etwa einfach selbst anfängt zu solieren. Letzterer Fall kann den Charakter eines Abbruchs gewinnen, kann aber selbst im Modus des Gesprächs bleiben – denn in einigen Gesprächen muss man schließlich manchmal lautstark das Wort ergreifen, wenn es zu turbulent zu werden droht. So kann damit im Verlauf der weiteren Improvisation etwa auch in der Weise umgegangen werden, dass es als Unhöflichkeit nicht weiter thematisiert wird, dass es als Unangemessenheit vom Unterbrochenen zurechtgerückt wird oder dass es freundschaftlich vom Unterbrochenen ironisch aufgegriffen wird. Der Unterschied zwischen dem Fall, dass ein Gespräch gar nicht erst zustande kommt, und den zuletzt genannten Fällen ist folgender: *Unterstreichen, Umdeuten und auch die eben genannten Formen des Unterbrechens sind alle selbst noch Modi eines musikalischen Gesprächs.* Ein an den Modi des Unterbrechens veranschaulichter Aspekt des musikalischen Gesprächs ist zudem als jeweils spezifisches Aushandeln dessen zu verstehen, was es heißt, die Artikuliertheit der eigenen Stimme im Namen der Artikuliertheit anderer Stimmen zurückzustellen.

Was demgegenüber der Fall zeigt, wenn man gar nicht erst ins Gespräch kommt, ist nicht, dass das Gesprächsmodell des Jazz falsch ist. Er zeigt vielmehr den *prekären Charakter aller musikalischer Interaktion* im Jazz. Das Gelingen der Interaktion ist niemals im Vorhinein sicherzustellen. Es ist vielmehr ein Drahtseilakt.[19] Mit Einschränkungen gilt das auch für die Darbietung von Werken der Tradition europäischer Kunstmusik. Spielt im Orchester ein einzelner Musiker unaufmerksam oder sogar falsch – ein, um es nochmal zu sagen, eher kontrafaktischer Fall, was professionelle Musiker angeht –, so ist zwar das klangliche Ergebnis beeinträchtigt und die Darbietung sicherlich eher misslungen. Aber das dargebotene Werk ist davon insofern nicht betroffen, als sein Potenzial in anderen, gelungeneren Performances ausgelotet wird. Vor allem steckt der einzelne Musiker hier nicht notwendigerweise die Performance der anderen Musiker an. Im Jazz ist es so, dass mit der Qualität der Performance jedes einzelnen Musikers die aller anderen steht und fällt. Jazz ist in diesem Sinne trotz aller konfliktuösen Elemente und selbst noch in diesen, die in spezifischer Weise pro-

19 Vgl. in diesem Sinne noch einmal Brown, »›Feeling my Way‹. Jazz Improvisation and its Vicissitudes – A Plea for Imperfection«.

duktiv sind, nicht nur eine interaktive Kunstform, insofern er eine Form musikalischen Gesprächs darstellt, sondern auch *eine wesentlich kollaborative Kunstform*. Es ist meines Erachtens nicht zu hoch gegriffen, wenn man davon spricht, dass sich hier eine ethische Valenz dieser Musik zeigt.[20] Von einer ethischen Valenz des Jazz kann in ganz verschiedenen Hinsichten die Rede sein. So scheint es offensichtlich, dass man auch eine politische Geschichte des Jazz erzählen kann, die sich nicht allein mit der Frage dessen, was legitime und illegitime Kunst ist, beschäftigen würde, sondern diese Frage auch ausgehend von dem Ringen der afroamerikanischen Bevölkerung in den USA um Anerkennung behandeln müsste.[21] Normativ gewendet könnte man zudem auf den Gedanken kommen, dass der Jazz aufgrund seines spezifisch interaktiven, kollaborativen wie dialogischen Charakters ein Idealmodell menschlicher Gemeinschaften darstellt – ein Gedanke, der implizit auch immer wieder von Jazzmusikern vertreten worden ist.[22] Scheinbar spricht für diesen Gedanken, dass jeder im Jazz ein gleichberechtigter Gesprächspartner sein kann, unabhängig von Stand, Herkunft und Hautfarbe. Aber eine solche Beschreibung übersieht nicht nur, dass es hohe technische und musikalische Hürden gibt, die über den Zugang zur Community der Jazzmusiker entscheiden. Eine solche Beschreibung übersieht auch, dass ein derart harmonistisches Modell wahrscheinlich eher als eine ethisch wenig wünschenswerte Gemeinschaft bestimmt werden müsste und nicht ihren Idealfall darstellt. Wenn man die Interaktionen von Jazzmusikern zum ethischen Idealmodell einer Gemeinschaft stilisiert, tauscht man zu-

20 Vgl. zu dieser Frage auch Hagberg, »Jazz Improvisation and Ethical Interaction. A Sketch of the Connections«. Hagberg, »Jazz Improvisation. A Mimetic Art?«.

21 Vgl. dazu etwa Eric Porter, *What Is this Thing called Jazz? African American Musicians as Artists, Critics and Activists*, Berkeley, Los Angeles u. a. 2002. Ajay Heble, *Landing on the Wrong Note. Jazz, Dissonance, and Critical Practice*, New York, London 2000. Als Überblicke auch Lee B. Brown, »Postmodernist Jazz Theory: Afrocentrism, Old and New«, in: *The Journal of Aesthetics and Art Criticism* 2 (1999), S. 235-246. Susan McClary, Robert Walser, »Theorizing the Body of African-American Music«, in: *Black Music Research Journal* 1 (1994), S. 75-84. Vgl. im deutschsprachigen Raum zudem die Studie zu Charles Mingus von Mario Dunkel, *Aesthetics of Resistance: Charles Mingus and the Civil Rights Movement*, Berlin 2012.

22 Auch dieser Gedanke wird insgesamt von dem genannten Buch Wynton Marsalis' exemplifiziert. Vgl. noch einmal Marsalis, *Jazz, mein Leben*.

dem einfach eine stabile Grenzziehung hinsichtlich der Frage, wer einer von uns ist und wer nicht, durch eine andere aus. Mir geht es mit der Bemerkung, dass der Jazz eine ethische Valenz aufweist, hingegen um den Gedanken, dass gelungene Jazzperformances in ethischer Hinsicht exemplifizieren, was es heißt, sich anzuerkennen und füreinander Verantwortung zu tragen. Anerkennungsverhältnisse sind weder zu beschreiben als solche, in deren Rahmen der Einzelne sich im Namen der anderen unsichtbar macht, noch als solche, in deren Rahmen der Einzelne alle anderen auszustechen versucht.[23] Beides sind vielmehr verunglückte Versionen dessen, was es heißt, sich wechselseitig anzuerkennen. Im Jazz ist der Einzelne für sein Spiel unter anderem auch insofern verantwortlich, als mit seinem Spiel das Spiel aller anderen steht und fällt und umgekehrt. In der Improvisation gibt es nur im Sinne einer Privation Egomanen, was aber gerade nicht heißt, dass die eigene Stimme im Namen der anderen oder auch des gemeinsamen ästhetischen Ziels untergeht. Das unter Laien mitunter verbreitete Vorurteil über den Jazz, dass er vor allem in der Zurschaustellung der eigenen virtuosen Fähigkeiten am Instrument bestehe, sagt weniger etwas über den Jazz aus als vielmehr über denjenigen, der das vom Jazz behauptet: Er hat entweder noch nie Jazz gehört oder immer im Hören an ihm vorbeigehört. Anders gesagt: Die scheinbare oder tatsächliche Virtuosität vieler Jazzmusiker mag ein reizvolles Moment sein, wenn es darum geht, dass man als junger Musiker auf diese Musik aufmerksam wird. Die technischen Fähigkeiten am Instrument sind im Jazz aber anders als in bestimmten selbstzweckhaft betriebenen Spielarten des *Progressive Rock* – exemplarisch könnte man hier die Band Dream Theater nennen – nur wichtig, insofern sie so etwas wie die Artikulation der eigenen musikalischen Stimme ermöglichen. Und selbst auf *Cutting Sessions* ist die Virtuosität keineswegs das einzige und primäre Merkmal bei der Beurteilung der Performance der jeweiligen Kontrahenten.

Ich möchte nun die Charakterisierung der wesentlich interaktiven Verfasstheit des Jazz abschließen, indem ich den prekären Charakter der Improvisation in positiver Weise wende. Kommen wir noch einmal zu dem Fall zurück, in welchem es nicht gelingt, in

23 Vgl. zum Begriff der Anerkennung und unter Rückgriff auf Motive Hegels, der diesem Begriff Kontur verliehen hat, Axel Honneth, *Kampf um Anerkennung*, Frankfurt/M. 1994.

ein musikalisches Gespräch mit den anderen Musikern einzutreten. Und nehmen wir einmal an, dass dies nicht an kontingenten Umständen liegt. Es kann dann schlicht und einfach daran liegen, dass hier musikalische Persönlichkeiten aufeinandertreffen, die in entscheidenden Hinsichten nicht miteinander kompatibel sind. Denn diejenigen, die in der Gruppenimprovisation interagieren, sind musikalische Persönlichkeiten. Produktiv kann man den prekären Charakter der Improvisation nun wenden, wenn man Folgendes festhält: Es ist nicht so, dass das musikalische Gespräch, das der Jazz ist, einfach dem, was es heißt, eine musikalische Persönlichkeit zu sein, äußerlich wäre. Es ist also nicht so, dass die musikalische Persönlichkeit feststeht und dann in ein Gespräch verwickelt wird, wo sie sich eben als die musikalische Persönlichkeit, die sie ist, artikuliert. Das wäre ein Zerrbild dessen, was es heißt, ein Gespräch zu führen. Denn ein Gespräch führt man nicht so sehr, als dass man von dem Gespräch geführt wird.[24] Wäre dem nicht so, würde es sich nicht um ein Gespräch, sondern vielmehr um einen bloß kontingenterweise zum gleichen Zeitpunkt stattfindenden Monolog verschiedener Musiker handeln. So wie der Ausgang eines Streitgesprächs im Alltag offen ist, man die Argumente des anderen tatsächlich gelten lässt und wenn diese wirkliche Argumente sind, er also nicht einfach an seiner Meinung gegen alle Widerstände festhält und bloß zu gewinnen versucht, genauso steht der Ausgang und Verlauf einer Improvisation im Jazz prinzipiell zur Disposition. Diesen Gedanken kann man nun auch für die Frage der Kontur der einzelnen musikalischen Persönlichkeit fruchtbar machen. Ich hatte mehrfach betont, dass der Erwerb der Fähigkeit zur Improvisation trotz aller Planung und Kontrolle nicht linear ist, sondern ebenso sehr von Entdeckungen und Brüchen bestimmt ist, die Potenziale eröffnen, die vormals nicht denkbar zu sein schienen. Der Erwerb der Fähigkeit zur Improvisation als eines Könnens beinhaltet immer auch Momente des Nichtkönnens. Eine wesentliche Quelle dieser Entdeckungen und Brüche sind nun gerade die musikalischen Gespräche, die man miteinander führt. Anders gesagt: *Die Konturen der jeweiligen musikalischen Persönlichkeiten werden in gelingenden musikalischen Interaktionen immer auch neu ausge-*

24 Auch das ist ein Gedanke Hans-Georg Gadamers. Vgl. Gadamer, *Wahrheit und Methode*, etwa S. 270 ff., S. 460 ff.

handelt. Dadurch, dass man in ein musikalisches Gespräch mit anderen Musikern eintritt, entdeckt man im Lichte der Modi des Antwortens aufeinander neue Potenziale im eigenen Spiel, wie die anderen neue Potenziale in ihrem Spiel entdecken. Präziser gefasst: *Der Prozess eines gelingenden musikalischen Gesprächs ist immer auch ein Entdecken neuer Potenziale im eigenen Spiel, wie das eigene Spiel im Spiel der anderen solche Potenziale in realisierter Form entdeckbar macht.*

Ausgehend von der Feststellung, dass sich die musikalische Persönlichkeit auch in und durch gelingende Interaktionen fortbildet, kann man mit Blick auf Fragen einer ethischen Valenz des Jazz noch eine weiter gehende These vertreten als diejenige, die ich bereits entwickelt habe: *Gelingende Jazzperformances sind ästhetische Miniaturen einer gelingenden Lebensführung überhaupt.* Sie gelingen in einer Weise, in der auch die eigene Lebensführung gelingen kann. Dass die eigene Lebensführung eine gelingende ist, heißt nämlich gerade nicht, dass man festgesetzte Ziele lediglich erreicht.[25] Hätte man ein derartiges Verständnis der eigenen Lebensführung, wäre der Weg zum Erreichen der Ziele selbst als bloß negativer konzipiert. Und wären sie erreicht, so wäre das Leben eigentlich schon vor dem Tod zu Ende. Dieser Punkt lässt sich auch auf die Theoriebildung ummünzen: Es bedeutet eigentlich einen Ausstieg aus der Philosophie, seine einmal entwickelte Überzeugung für sakrosankt und trotz möglicher zukünftiger guter Gründe und Erfahrungen prinzipiell für nicht revidierbar zu halten. Die Alternative dazu ist nicht, dass man seine Position mit jeder Gegenrede verändert. Sie besteht vielmehr darin, im Gespräch dem anderen gegenüber offen zu bleiben. Das heißt letztlich: Sie besteht darin, dass man *überhaupt* in der Lage ist, Gespräche zu führen und nicht nur verkappte Monologe. Ein wesentlicher Aspekt eines gelingenden Lebens dürfte deshalb sein, dass man es schafft, für die einzelnen Augenblicke seines Lebens aufmerksam zu bleiben und sich immer wieder von sich und anderen überraschen zu lassen. Akteur der eigenen Lebensführung zu sein heißt gerade nicht, dass man alles kontrollieren kann und instrumentell versucht, seine Ziele gegen alle Widerstände durchzusetzen. Es heißt vielmehr,

25 Hier folge ich Überlegungen Martin Seels. Vgl. Martin Seel, *Versuch über die Form des Glücks*, Frankfurt/M. 1995.

dass man immer wieder auch in der Lage ist, neue, vormals nicht denkbare Ziele und Wünsche zu entdecken. Derartige Aspekte einer gelingenden Lebensführung können durch Jazzperformances exemplifiziert werden, zum Beispiel durch die Logik der Interaktion von Jazzmusikern auf der Bühne. Sie sind aber etwas, was auch in der Erfahrung der Zuhörer solcher Performances manifest wird. Schließt man sich dem Gedanken an, dass der Kunstbegriff ein Wertbegriff ist und dass der Wert in einem unkontroversen ersten Schritt so erläutert werden kann, dass es lohnend ist, künstlerische Objekte und Ereignisse als die, die sie jeweils sind, nachzuvollziehen, so kann man sagen, dass dieser Nachvollzug auf Seiten der Zuhörer einen bestimmten Modus der Passivität meint. Ein derartiger Modus stellt jedoch zugleich eine ästhetische Form der Selbstthematisierung dar, in deren Rahmen die Zuhörer im Lichte des Gangs der Performance sich nicht allein in neuer Weise entdecken, sondern auch an sich Neues entdecken – zunächst ganz manifest in dem Sinne, dass ihre Erwartungen in produktiver Weise enttäuscht werden und die Performances für sie zur intensiven Erfahrung werden. Sie werden – zwar nicht in einem wörtlichen, aber auch nicht bloß in einem pejorativ verstandenen metaphorischen Sinne – Mitspieler der Performance. Damit ist der Wert des Jazz keineswegs erschöpfend charakterisiert. Jazzmusik ist in ganz unterschiedlichen Hinsichten als künstlerische wie nichtkünstlerische Musik wertvoll. Aber wenn man verstehen will, inwieweit die Form musikalischer Interaktion im Jazz in besonderer Weise als wertvoll zu charakterisieren ist, ist diese Einsicht wichtig.

III.

Damit komme ich zum letzten Schritt dieses Kapitels: In bestimmter Weise artikuliert sich im Jazz als einer interaktiven Form, einem musikalischen Gespräch, das die Unterscheidung zwischen Individuellem und Kollektivem als Gegensatz unterläuft, ein Moment musikalischer Praxis überhaupt. Mit Blick auf die Argumente, die hinsichtlich der ersten These dieses Kapitels unter dem Schlagwort der verkörperten Tradition vorgebracht wurden, sollte deutlich geworden sein, dass sie umstandslos für Jazz wie europäische Kunstmusik gleichermaßen gelten. Meine unter der zweiten Leitthese firmierenden Ausführungen galten hingegen einer jazzspezifischen Erläuterung dieses Gedankens. Ich bin gleichwohl der Auffassung, dass sie in bestimmter Weise auch für die Tradition europäischer Kunstmusik verbindlich sind beziehungsweise den Gedanken des Realisierens von Potenzialen von Werken, der im letzten Kapitel entwickelt worden ist, allererst wirklich verständlich machen können.

Zwar ist es so, dass das interaktive Moment in der Tradition europäischer Kunstmusik weniger ausgeprägt ist als im Jazz. Diese Aussage muss man allerdings wieder mit Vorsicht genießen. Gemeint ist lediglich, dass es im Großteil dessen, was zur Tradition europäischer Kunstmusik gehört, weniger markant ist. Mit Blick auf die Musikpraxis vor dem 18. Jahrhundert und mit Blick auf die Neue Musik lässt sich das keineswegs derart kategorisch sagen. Aber in der Darbietung von Klavierwerken etwa der Romantik und selbst noch in intimen Musikformen wie dem Streichquartett oder dem vom Klavier begleiteten Lied ist die Interaktion zwar durchaus vorhanden, jedoch im Regelfall weniger ausgeprägt als im Jazz. Das hängt sicherlich mit dem Werkparadigma zusammen, durch welches der Musiker nicht allein seine Stimme erhebt, sondern sie immer auch im Namen einer Komposition und damit auch im Namen eines anderen Künstlers erhebt. Ein derartiges Ausloten nun aber soll in den Begriffen erläutert werden, die ich zur Charakterisierung des Jazz verwendet habe: als eine Art dialogischen Geschehens. Zwar braucht dieses dialogische Geschehen in der Tradition europäischer Kunstmusik nicht unbedingt den Charakter eines interaktiven musikalischen Dialogs anzunehmen, und nur selten nimmt es einen solchen Charakter in derart markanter Weise wie im Jazz an. *Aber nichtsdestotrotz bedeutet auch das Ausloten von Potenzialen eines Werks in einer und durch eine Performance, dass hier eine Tradition in einer Weise verkörpert wird, die als dialogisch zu bezeichnen ist.* Dass etwas eine Darbietung eines Werks ist, lässt sich nämlich nur insofern verständlich machen, als es eine Tradition von Darbietungen gibt, die in mehr oder weniger expliziter Weise aufeinander antworten. Was sich bezüglich des Verhältnisses von europäischer Kunstmusik und Jazz somit analog beziehungsweise als Erweiterung dessen, was im letzten Kapitel behauptet worden ist, festhalten lässt, ist Folgendes: Im Jazz kommt das traditionale Moment musikalischer Praxis, anders als man zunächst denken könnte, *expliziter* zum Ausdruck, insofern das Aufgreifen von Traditionen, das wesentlich als dialogisches Geschehen begriffen werden muss, hier die Form expliziter Interaktionen annimmt. Jazz, so könnte man sagen, ist die Vermittlung von Individuellem und Kollektivem in Form eines interaktionistischen Aufgreifens von Traditionen *in actu*. In der europäischen Kunstmusik geschieht das hingegen eher in impliziter Weise. Damit gilt auch für die Frage nach der Verbindung von Individuellem und Kollektivem mit Blick auf das Verhältnis von Jazz und europäischer Kunstmusik: Im Jazz kommt ein Moment musikalischer Praxis explizit zum Ausdruck, das für die Tradition europäischer Kunstmusik in impliziter Weise ebenfalls bestimmend ist.

Kapitel 5
Schluss: Die philosophische Relevanz des Jazz

Damit komme ich nun abschließend zur Ausgangsfrage dieses Buches zurück, die ich in der Einleitung gestellt hatte. Sie bestand darin, zu fragen, inwieweit der Jazz ein interessanter Gegenstand für die Philosophie ist, wenn man Philosophie als eine allgemeine, nichtempirische und reflexive Wissenschaft bestimmt. Ich hatte die Grundgedanken der Kapitel vorweggenommen, den Leser aber darauf vertröstet, dass das Buch als Ganzes eine Antwort auf die Frage nach der philosophischen Relevanz des Jazz darstellen würde. Ausgehend von der entwickelten Argumentation können wir jetzt eine Antwort auf diese Frage geben. Kurz und bündig lautet sie, *dass der Jazz deshalb ein interessanter Gegenstand für die Philosophie ist, weil er eine Art künstlerischer Musik darstellt, in der wesentliche Aspekte musikalischer Praxis überhaupt explizit artikuliert sind.* Dieser Gedanke wurde anhand einer kontrastiven Gegenüberstellung des Jazz und der Tradition europäischer Kunstmusik verfolgt. Es dürfte aber nicht zu weit gehen, die entwickelten Momente des Jazz nicht nur als solche der Tradition europäischer Kunstmusik, sondern der musikalischen Praxis überhaupt zu verstehen. Diesen Grundgedanken habe ich im zweiten Kapitel nur angedeutet – dieses galt einer Zurückweisung von zu rigiden Verständnissen des Jazz und dessen, was zur Tradition europäischer Kunstmusik gehört. Die entsprechenden Überlegungen sollten vor allem eine angemessene Charakterisierung der Arten von Gegenständen darstellen, über die wir nachdenken, wenn wir über Jazz und europäische Kunstmusik nachdenken. Den Grundgedanken, dass wesentliche Aspekte musikalischer Praxis überhaupt im Jazz besonders explizit sind, habe ich in unterschiedlicher Weise dann im dritten und vierten Kapitel ausbuchstabiert. Im Verlauf der Argumentation des dritten Kapitels habe ich gezeigt, dass auch die in der Tradition europäischer Kunstmusik etablierte Praxis des Spielens musikalischer Werke von einer Logik bestimmt ist, die in besonders deutlicher Form in dem, was es heißt, Züge im Spiel der Improvisation vorzunehmen, artikuliert ist. Diese retroaktive Logik gilt natürlich auch für das Verhältnis verschiedener Improvisationen zueinander, so dass auch der Sinn einzelner Improvisationen im Lichte zukünftiger Improvisationen immer wieder neu ausgehandelt wird. Was sich darin zeigt, ist der wesentlich dynamische und offene Charakter musikalischer Praxis überhaupt. Diese Offenheit ist so zu begreifen, dass sie an die Zusammenhangsbildung unterschiedlicher Improvisationen beziehungsweise Aufführungen von Werken gebunden ist. Im vierten Kapitel habe ich in einer Erweiterung dieses Gedankens geltend gemacht, dass auch das Moment, dass jedes musikalische Handeln als verkörperte Tradition zu begreifen ist, im Jazz besonders deutlich zutage tritt, und das in einer Weise, dass es gerade nicht dem Gedanken widerspricht, dass hier so etwas wie authentisches künstlerisches Handeln vorliegt. Verkörperte Tradition gewinnt dabei ausgehend von dem Paradigma eines Gesprächsmodells musikalischer Interaktion im Jazz Kontur. Dieses Modell charakterisiert in impliziter Weise auch das Verhältnis der Darbietungen von Werken in der europäischen Kunstmusik.

Abschließend möchte ich nun die Frage stellen, ob sich diese These hinsichtlich ihrer Reichweite nicht sogar noch über die musikalische Praxis hinaus generalisieren lässt. Denn ich habe immer wieder betont, dass der Jazz in diesem Buch auch und vor allem als ein Fall von Kunst diskutiert wird. In diesem Sinne könnte man dem Gedanken nachgehen, inwieweit im Jazz nicht allein ein Moment musikalischer Praxis überhaupt, sondern auch ein Moment künstlerischer Praxis überhaupt explizit wird. Geht man diesem Gedanken nach, so ist er wie auch die These, dass es um musikalische Praxis überhaupt und nicht bloß um die Tradition europäischer Kunstmusik geht, offensichtlich systematisch weniger streng zu verstehen als der von mir mehrfach ins Spiel gebrachte Gedanke, dass es zwei Formen einer musikalischen Praxis gibt, die hinsichtlich ihrer Explizitheit beziehungsweise Implizitheit unterschieden werden können. Er ist vielmehr so zu verstehen, dass sich am Jazz besonders deutlich etwas ablesen lässt, was für Kunst überhaupt gilt. Aber auch wenn dieser Gedanke systematisch weniger streng zu verstehen ist, kann er dennoch nicht einfach übergangen werden. Denn er artikuliert eine zentrale Weise, in welcher der Jazz für die Philosophie von Relevanz ist.

Bevor ich mit einigen Bemerkungen dazu schließen werde, ist aber ein Hinweis zur Vorsicht geboten. Denn man könnte die

Grundgedanken dieses Buches in bestimmter Weise missverstehen. Sagt man, dass der Jazz ein Moment musikalischer Praxis oder sogar künstlerischer Praxis überhaupt explizit macht, so ist das keine Charakterisierung im Sinne einer erschöpfenden Explikation des Werts des Jazz schlechthin. Es ist vielmehr eine Explikation des besonderen Werts des Jazz für die Philosophie in dem Sinne, dass er eben nicht ein beliebiger Gegenstand ist, sondern ein Gegenstand, der in bestimmter Hinsicht besonders interessant und relevant für die Philosophie ist. Es wäre jedoch mehr als seltsam, zu meinen, damit hätte man schon den Wert des Jazz für seine Hörer und Produzenten aufschlussreich bestimmt – ich hoffe gleichwohl, dass auch zu dieser Frage vieles auf den vorangegangenen Seiten zu finden war. Aber das philosophische Nachdenken gerät auf die schiefe Bahn, wenn es meint, den Wert einer Kunst aus ihrer philosophischen Relevanz ableiten zu können.

Inwieweit könnte man aber nun sagen, dass der Jazz ein Moment künstlerischer Praxis überhaupt explizit macht? Ich bin der Auffassung, dass man das in bestimmter Weise mit Blick auf die im dritten und vierten Kapitel entwickelten Grundgedanken sagen kann: die retroaktive Logik der Improvisation (1) und die dialogische Interaktion als verkörperte Tradition (2). Beiden Motiven möchte ich nun abschließend kurz nachgehen.[1]

Zunächst zur retroaktiven Logik der Improvisation als einem Moment künstlerischer Praxis überhaupt (1): Der Grundgedanke besagte, dass Improvisation in diesem starken Sinne dadurch gekennzeichnet ist, dass das, was der Sinn eines Elements ist, und damit das, was überhaupt ein Element ist, im Prozess der Improvisation ausgehandelt wird. Eine andere Fassung dieses Gedankens war es, zu sagen, dass die Legitimität der einzelnen Züge im Sinne eines ästhetischen Gelingens nicht im Vorhinein festgelegt ist. Auch wenn eine Improvisation unter anderem aufgrund äußerlicher Umstände oder unter ästhetischen Gesichtspunkten scheitern kann, gibt es keinen analogen Fall zu der Feststellung, dass man nicht länger Schach spielt, wenn man einen Bauern wie eine Dame zieht. Möchte man diesen Gedanken für die künstlerische Praxis überhaupt geltend machen, so kann diese Überlegung, die in be-

1 Ich spreche im Folgenden von Kunstwerken. Das ist mit Blick auf die Analysen in diesem Buch sicherlich etwas unsauber, erhöht aber deutlich die Lesbarkeit.

sonderer Weise die spezifische Zeitlichkeit der Improvisation erläutert, dreierlei nicht meinen. Erstens (i) kann damit nicht gemeint sein, dass alles, was als künstlerisches Werk oder Ereignis verstanden werden kann, improvisiert wäre. Schon mit Blick auf die Tradition europäischer Kunstmusik wäre es, wie ich trotz des Hinweises auf die Relevanz von Improvisation auch in dieser Tradition künstlerischer Musik immer wieder betont habe, eine Verzeichnung, wenn man behaupten würde, dass diese Musik durchweg improvisiert wäre. Es scheint mir zwar offensichtlich, dass es in nahezu allen Künsten im Einzelfall in ganz unterschiedlichen Graden Improvisation gibt. Aber deshalb überall in einem manifesten Sinne von Improvisation zu sprechen, wie der Begriff hier entwickelt worden ist, wäre zu stark. Zweitens (ii) kann eine Verallgemeinerung dieses Gedankens nicht meinen, dass man davon ausgeht, dass Elemente in allen Künsten in derselben manifesten Weise zeitlich sind, wie das für die Elemente einer Jazzimprovisation gilt. Schließlich würden wir sagen, dass die Elemente einer Installation, einer Skulptur oder eines künstlerischen Bauwerks nicht zuletzt immer auch räumlich sind, ebenso wie die Elemente solcher Gemälde, die keine räumlichen Verhältnisse zeigen, nicht zuletzt immer auch sichtbare Relationen zeigen, die zumindest nicht auf den ersten Blick zeitlich sind. Möchte man den Gedanken einer Logik der Retroaktion generalisieren, so darf das nicht dazu führen, dass man die durchaus relevanten Unterschiede zwischen den Künsten verschleift. Drittens (iii) kann man diesen Gedanken nicht im Sinne eines allein produktionsästhetischen Gedankens erläutern. Wenn ein Maler etwa im Prozess des Malens die einzelnen sichtbaren Elemente nicht schon im Vorhinein plant, sondern sich ausgehend von dem letzten Zug der Produktion jeweils zum nächsten animieren lässt, so könnte man zumindest hinsichtlich einiger Modellierungen dieses Gedankenexperiments zwar sagen, dass auch hier die früheren Elemente im Lichte der jeweils gerade eingefügten Elemente einen neuen Sinne erhalten. Aber in dieser Weise darf die These, dass die retroaktive Logik der Improvisation ein Moment künstlerischer Praxis überhaupt explizit macht, nicht verstanden werden. Obzwar eine Kenntnis dieses Produktionsprozesses auch die Rezeption des entsprechenden Gemäldes beeinflussen kann – es könnte sich damit etwa als eines erweisen, das mit einer Übertragung musikalisch-improvisatorischer Verfahrensweisen in die Malerei arbeitet, oder aber um ein Gemälde, dessen Thema die Offenheit und potenzielle Kontingenz von Gemälden überhaupt wäre –, so wäre diese Logik dennoch nur eine der Produktion, und das Produkt wäre nicht in derselben Weise zeitlich verfasst, wie das eine Jazzimprovisation ist. Zwar weist auch die Wahrnehmung von Elementen eines Gemäldes eine bestimmte zeitliche Choreographie auf. Aber diese ist dem Betrachter nicht nur weniger aufgezwungen, als dies etwa in der Musik oder auch im Film der Fall ist – das Kino zu verlassen oder eine DVD anzuhalten ist kein analoger Fall zu dem, dass man die Wahrnehmung ganz intensiv mehrere Minuten auf einen bestimmten Abschnitt eines Gemäldes konzentriert. Sie ist vor allem nicht die Wahrnehmung der zeitlichen Choreographie der Produktion. Abgesehen davon scheint es offensichtlich zu sein, dass bei einem derartigen Gemälde ein bestimmtes künstlerisches Verfahren zum Tragen kommt, das keineswegs für Kunst als solche verbindlich ist.

Sagt man, dass die retroaktive Logik der Jazzimprovisation ein Moment künstlerischer Praxis überhaupt explizit macht, so meint diese These im Kontrast zu den drei zurückgewiesenen Varianten ihrer Lesart etwas anderes: Sie meint den *Sinn* dessen, was es heißt, ein Kunstwerk zu sein, insofern das in Begriffen einer spezifischen Weise des Geschichtlich-Seins erläutert wird. Ich hatte mehrfach darauf gepocht, dass der Kunstbegriff ein Wertbegriff ist. Stimmt man dem zu, kann man Kunstwerke weder nach dem Modell des Entdeckens naturwissenschaftlicher Tatsachen denken noch ein solches Modell irgendwie historisch anreichern, indem man die Situation etwa am Beispiel des archäologischen Aufstöberns von Artefakten beschreibt, denen man unverhofft gegenübersteht und für die man erst noch eine Sprache suchen muss. Angesichts vieler Kunstwerke ringt man zwar um Worte,[2] aber das heißt noch nicht, dass man in derselben Weise eine Sprache suchen müsste. Im Vergleich mit dem naturwissenschaftlichen Experiment und dem archäologischen Fundstück würde man Kunstwerke als etwas in problematischer Weise positiv Gegebenes behandeln. Vielmehr ist es so, dass ihr Wert potenziell immer zur Disposition steht. Etwas ist nicht einfach so Kunst, sondern der Status von etwas als Kunstwerk ist potenziell immer umstritten. Das ist nicht so zu ver-

2 Dieses Ringen um Worte lässt sich mit Adornos Theorem des Rätselcharakters der Kunst weiter aufklären. Vgl. Adorno, *Ästhetische Theorie*, S. 184.

stehen, dass ich mich hinstellen und Bachs Fugen oder Goethes Dramen einfach den Kunstcharakter absprechen könnte. Das wäre bloß schlechter Subjektivismus. Zudem würde eine solche Aussage übergehen, dass die entsprechenden Fugen und Dramen noch heute auf die eine oder andere Weise einen Bezugspunkt für das künstlerische Produzieren darstellen. Sie sind nicht bloß noch historisch interessant. Darum aber geht es: Die Umstrittenheit der Kunst zeigt sich gerade darin, dass Kunstwerke insofern absterben können, als sie nur noch historisch interessant sein können. Dann werden sie vielleicht nur noch als ein relevantes Moment in der Erklärung der Voraussetzungen jüngerer Kunstwerke behandelt, aber sie wären nicht länger selbst als Kunstwerke interessant. Dass ein Kunstwerk lebendig ist, heißt aber gerade, dass es für uns in einer anderen Weise Sinn ergibt als der, bloß noch ein Element in einer historischen Erklärung von Kunst oder etwa ein bloß interessantes Symptom einer untergegangenen Lebensform zu sein. Man kann diesen Gedanken auch so formulieren: Das Kunstwerk sagt als dasjenige, das es ist, uns etwas über uns als diejenigen, die wir sind.[3] Jede Zeit muss versuchen, die Kunstwerke in dieser Weise sprechen zu lassen. Die Lektion, die sich mit Blick auf den Gedanken, dass die retroaktive Logik der Jazzimprovisation für künstlerische Praxis überhaupt gilt, ziehen lässt, ist folgende: Was Element eines Kunstwerks ist, wie seine Struktur verfasst ist und damit auch, worin sein Wert besteht, steht im Lichte späterer Werke immer wieder zur Disposition. Kunstwerke sind keine fensterlosen Monaden, die selbstgenügsam der Geschichte enthoben wären, sondern der Geschichte ausgesetzt, und das in dem wesentlichen Sinne, in dem jene von einer retroaktiven Zeitlichkeit gekennzeichnet ist. Das ist so zu verstehen, dass im Lichte jüngerer Werke sich der Sinn früherer Werke verändert. Anders gesagt: Ihr Sinn zeigt sich abhängig vom jeweiligen historischen Standort in anderer Weise – und der Gedanke, ein Kunstwerk jenseits aller Standortgebundenheit in den Blick nehmen zu wollen, ergibt keinen Sinn. Letzteres hieße gerade, es nicht länger als ein Kunstwerk zu behandeln. Die retroaktive Zeitlichkeit der Jazzimprovisation gilt also nicht nur ebenfalls für die Form der Verbindung von Aufführungen von Werken

3 Ich folge an dieser Stelle einmal mehr einem Gedanken von Hans-Georg Gadamer. Vgl. Gadamer, *Wahrheit und Methode*, S. 169 ff.

in der Tradition europäischer Kunstmusik, sondern gilt für Kunst überhaupt, insofern mit Blick auf jedes Kunstwerk im Lichte zukünftiger Kunstwerke neue Eigenschaften entdeckbar werden. Wesentlich ist dabei die Feststellung, dass das Kunstwerk *nichts anderes* als genau dieser Prozess ist, so dass es keinen Bruch gibt zwischen dem, wie das Kunstwerk an sich ist und wie es für uns ist. Der Nachvollzug eines Kunstwerks ist weder bloß aktiv, noch bloß passiv. Jeder Nachvollzug ist vielmehr insofern aktiv als Kunstwerke mit Blick auf ihre Elemente und ihre Struktur nichts bloß Gegebenes sind. Zugleich ist jeder Nachvollzug aber auch passiv, insofern er gerade nicht bedeutet, dass ich mich mit meinen kontingenten biografischen Erfahrungen oder meinen persönlichen Vorlieben in einem subjektivistischen Sinne in die Auseinandersetzung einbringe. Ich bringe mich vielmehr in Form eines Antwortens auf das Kunstwerk als Moment in einem historischen Prozess ein.

Damit komme ich zur zweiten abschließenden Bemerkung beziehungsweise zur Frage, inwieweit sich der Aspekt des Jazz, dass hier die Verkörperung von Tradition als dialogische Interaktion Kontur gewinnt, als ein Moment charakterisieren lässt, das einen Aspekt künstlerischer Praxis überhaupt explizit macht (2). Der Grundgedanke besagte, dass jedes künstlerische Handeln als das Handeln, das es ist, sinnkritisch als ein Handeln begriffen werden muss, das verkörperte Tradition ist. Das lässt sich so erläutern, dass jedes künstlerische Handeln als ein Anschließen an vorgängiges künstlerisches Handeln zu begreifen ist. Ein solches Anschließen geschieht im Jazz nun in besonders artikulierter Weise, da hier der Prozess des Rückgriffs auf Personalstile und historische Stile deutlich in der Weise zutage tritt, dass die historische Determinierung des Spielens nicht nur nicht im Widerspruch zum Originären des eigenen Spiels steht, sondern dass der dialogische Charakter dieses Prozesses offenbar wird. Er kommt im Jazz in besonderer Weise in Form interaktiver Handlungszusammenhänge zustande, die die Konturen der einzelnen Handelnden als musikalische Persönlichkeiten mitbestimmen. Möchte man nun diesen Gedanken so erläutern, dass er ein Moment künstlerischen Handelns überhaupt explizit macht, kann damit wiederum zweierlei nicht gemeint sein. Erstens (i) kann nicht gemeint sein, dass das interaktive Moment des Jazz für alle Künste gleichermaßen gilt. Schon mit Blick auf die Tradition europäischer Kunstmusik hatte ich festgehalten, dass zwar der dialogische Charakter als explizites Kennzeichen des Jazz implizit auch für diese Tradition von Musik gilt, dass das Moment der Interaktion demgegenüber aber keineswegs diese Tradition von Musik allumfassend prägt. Ähnliches muss man sicher von weiten Teilen der Tradition der Malerei und Bildhauerei sagen und auch von jüngeren Künsten wie der Fotografie, bei denen es nicht so ist, dass unterschiedliche künstlerische Persönlichkeiten interaktiv aushandeln, was das Kunstwerk ist. Dies gilt selbst für viele Filme, obwohl es sich beim Film zweifelsohne fast durchweg um eine kollaborative Kunstform handelt. Dadurch wird noch einmal deutlich, dass Interaktion ein besonderer Modus kollektiven Schaffens ist, der nicht für die Kunst als solche begrifflich notwendig ist. Umgekehrt gibt es Künste wie die Performance oder jüngere Spielarten des künstlerischen Tanzes, bei denen das interaktive Moment noch deutlich ausgeprägter ist als im Jazz. Denn im Jazz bleibt trotz der nicht zu vernachlässigenden Interaktionen zwischen Publikum und Musikern die Grenze zwischen beiden grundsätzlich auch dann robust, wenn man auf einer Jamsession zu Beginn nicht genau weiß, wer auf die eine oder die andere Seite der Bühne gehört. Neben Performance und Tanz sind hier zudem jüngere Werke der Medienkunst und solche Videospiele zu nennen, von denen man sinnvoll sagen kann, dass sie einen künstlerischen Anspruch haben. Diese Überlegungen zeigen, dass das interaktive Moment des Jazz nicht verallgemeinert werden kann. Es kann noch etwas Zweites (ii) nicht mit dem Gedanken gemeint sein, dass in diesem Punkt der Jazz ein Moment künstlerischer Praxis überhaupt explizit macht. Der Rekurs auf den Dialogcharakter künstlerischen Anschließens darf nicht so verstanden werden, dass solch ein Anschließen nur innerhalb einer Kunst vollzogen wird. Denn die Künste stehen sich nicht abgeschlossen gegenüber, sondern sind in vielfältigen Austauschprozessen begriffen. Man könnte sogar noch stärker sagen: Die Grenzen der einzelnen Künste werden gerade in solchen Austauschprozessen neu verhandelt.[4] Das Dialogmodell des Jazz muss im Sinne des Gedankens, dass es ein Moment künstlerischer Praxis überhaupt explizit macht, eher so verstanden werden, dass es künstlerische Austauschprozesse thematisiert, die auch zwischen Musik und Li-

4 Vgl. dazu Feige, *Kunst als Selbstverständigung*, Kapitel 3.

teratur, zwischen Gemälde und Skulptur, zwischen Tanz und Film stattfinden.

Dieser Aspekt des Dialogmodells des Jazz lässt sich als Moment künstlerischer Praxis überhaupt begreifen. Wenn man wollte, könnte man diesen Punkt als produktionsästhetisches Korrelat zu dem, was ich zur retroaktiven Logik eben gesagt habe, formulieren. Künstlerisches Produzieren kann als solches als ein Antwortgeschehen auf vorhergehendes künstlerisches Produzieren verstanden werden. Das ist mit Blick auf meine vorgestellten Überlegungen weder so zu verstehen, dass ein Künstler sich bewusst auf die Tradition beziehen muss, noch ist es so zu verstehen, dass damit künstlerisch eine konservative Agenda empfohlen würde. Es ist vielmehr so zu verstehen, dass nicht nur jeder Jazzmusiker auf seine Vorgänger antwortet, sondern jeder Künstler in seinem und durch sein Tun auf vorangehende Künstler antwortet, ohne dass das bedeuten würde, dass er sozusagen mit fremder Stimme spricht. Im Jazz als künstlerischer Praxis wird besonders explizit, dass das Sprechen mit einer eigenen Stimme immer auch voraussetzt, dass man in gewisser Weise seine Stimme vorher anderen Sprechern schon einmal geliehen hat. In diesem Sinne hat der Jazztrompeter Eddie Henderson recht, wenn er sagt: »You can't be in the present, if you haven't been in the past.«[5]

5 Zitiert nach Berendt, Huesmann, *Das Jazzbuch. Von New Orleans bis ins 21. Jahrhundert*, S. XII.

Literaturverzeichnis

Theodor W. Adorno, »Über Jazz«, in: ders., *Musikalische Schriften IV. Moments musicaux. Impromptus*, Frankfurt/M. 1982, S. 74-108.

Theodor W. Adorno, *Ästhetische Theorie*, Frankfurt/M. 1973.

Theodor W. Adorno, »Zeitlose Mode. Zum Jazz«, in: ders., *Prismen. Kulturkritik und Gesellschaft*, Frankfurt/M. 1955, S. 144-161.

Philip Alperson, »On Musical Improvisation«, in: *The Journal of Aesthetics and Art Criticism* 1 (1984), S. 17-29.

Derek Bailey, *Improvisation. Its Nature and Practice in Music*, Ashbourne 1992.

Alexander Becker, Matthias Vogel (Hg.), *Musikalischer Sinn. Beiträge zu einer Philosophie der Musik*, Frankfurt/M. 2007.

Bruce E. Benson, *The Improvisation of Musical Dialogue. A Phenomenology of Music*, Cambridge, New York u. a. 2003.

Joachim-Ernst Berendt, »Für und wider den Jazz«, in: *Merkur* 7 (1953), S. 887-890.

Joachim-Ernst Berendt, Günther Huesmann, *Das Jazzbuch. Von New Orleans bis ins 21. Jahrhundert*, Frankfurt/M. 2005.

Paul F. Berliner, *Thinking in Jazz. The Infinite Art of Improvisation*, Chicago, London 1994.

Alessandro Bertinetto, »Jazz als gelungene Performance. Ästhetische Normativität und Improvisation«, in: *Zeitschrift für Ästhetik und allgemeine Kunstwissenschaft* 1 (2014), i.E.

Alessandro Bertinetto, »Musical Ontology: A View through Improvisation«, in: *Cosmo. Comparative Studies in Modernism* 2 (2013), S. 81-101.

Alessandro Bertinetto, »Paganini does not Repeat. Musical Improvisation and the Type/Token Ontology«, in: *Teorema* 3 (2012), S. 105-126.

Georg W. Bertram, »Improvisation und Normativität«, in: Hans-Friedrich Bormann u. a. (Hg.), *Improvisieren. Paradoxien des Unvorhersehbaren. Kunst – Medien – Praxis*, Bielefeld 2010, S. 21-40.

Georg W. Bertram, David Lauer, Jasper Liptow, Martin Seel, *In der Welt der Sprache. Konsequenzen des semantischen Holismus*, Frankfurt/M. 2008.

Peter Bieri, *Das Handwerk der Freiheit*, Frankfurt/M. 2011.

David Borgo, *Sync or Swarm. Improvising Music in a Complex Age*, London, New York 2005.

Robert B. Brandom, *Expressive Vernunft. Begründung, Repräsentation und diskursive Festlegung*, Frankfurt/M. 2000.

Lee B. Brown, »›Feeling my Way‹. Jazz Improvisation and its Vicissitudes – A

Plea for Imperfection«, in: *The Journal of Aesthetics and Art Criticism* 2 (2000), S. 113-123.
Lee B. Brown, »Postmodernist Jazz Theory: Afrocentrism, Old and New«, in: *The Journal of Aesthetics and Art Criticism* 2 (1999), S. 235-246.
Lee B. Brown, »Musical Works, Improvisation, and the Principle of Continuity«, in: *The Journal of Aesthetics and Art Criticism* 4 (1996), S. 353-369.
Lee B. Brown, »Adorno's Critique of Popular Culture: The Case of Jazz Music«, in: *Journal of Aesthetic Education* 1 (1992), S. 17-31.

Noël Carroll, »Historical Narratives and the Philosophy of Art«, in: ders., *Beyond Aesthetics. Philosophical Essays*, Cambridge, New York u. a. 2001, S. 100-118.
Noël Carroll, *Philosophy of Art. A Contemporary Introduction*, London, New York 1999.
Robin G. Collingwood, *The Principles of Art*, Oxford 2010.
Mervyn Cooke, David Horn (Hg.), *The Cambridge Companion to Jazz*, Cambridge, New York u. a. 2002.

Carl Dahlhaus, *Die Musik des 19. Jahrhunderts*, Wiesbaden 1980.
Carl Dahlhaus, *Die Idee der absoluten Musik*, Kassel 1978.
Arthur C. Danto, *After the End of Art. Contemporary Art and the Pale of History*, Princeton/NJ 1997.
Arthur C. Danto, *Die Verklärung des Gewöhnlichen. Eine Philosophie der Kunst*, Frankfurt/M. 1991.
Arthur C. Danto, »The Artworld«, in: *The Journal of Philosophy* 19 (1964), S. 571-584.
Hermann Danuser (Hg.), *Die Musik des 20. Jahrhunderts*, Laaber 1984.
Donald Davidson, »Geistige Ereignisse«, in: ders., *Handlung und Ereignis*, Frankfurt/M. 1985, S. 291-320.
Stephen Davies, »Rock versus Classical Music«, in: Peter Lamarque, Stein H. Olsen (Hg.), *Aesthetics and the Philosophy of Art. The Analytical Tradition. An Anthology*, Oxford, Malden/Ma. u. a. 2004, S. 505-516.
Scott DeVeaux, Gary Giddins, *Jazz*, New York 2009.
George Dickie, *Evaluating Art*, Philadelphia 1988.
Mario Dunkel, *Aesthetics of Resistance: Charles Mingus and the Civil Rights Movement*, Berlin 2012.

Richard Eldridge, »Hegel on Music«, in: Stephen Houlgate (Hg.), *Hegel and the Arts*, Evanston 2007, S. 119-145.

Daniel M. Feige, *Kunst als Selbstverständigung*, Münster 2012.
Daniel M. Feige, »Kunst als Produkt der natürlichen Evolution?«, in: *Zeitschrift für Ästhetik und allgemeine Kunstwissenschaft* 1 (2008), S. 21-37.

Sabine Feißt, *Der Begriff der »Improvisation« in der Neuen Musik*, Sinzig 1997.

Erika Fischer-Lichte, *Ästhetik des Performativen*, Frankfurt/M. 2004.

Günter Fleischhauer, Monika Lustig, Wolfgang Ruf, Frieder Zschoch (Hg.), *Stimmungen im 17. und 18. Jahrhundert: Vielfalt oder Konfusion?*, Michaelstein 1997.

Hal Foster (Hg.), *The Anti-Aesthetic. Essays on Postmodern Culture*, Port Townsend/Washington 1983.

Michel Foucault, *Überwachen und Strafen. Die Geburt des Gefängnisses*, Frankfurt/M. 1994.

Hans-Georg Gadamer, *Wahrheit und Methode. Grundzüge einer philosophischen Hermeneutik*, Tübingen 1990.

James Gaines, *Das musikalische Opfer: Johann Sebastian Bach trifft Friedrich den Großen am Abend der Aufklärung*, Frankfurt/M. 2008.

Ted Gioia, *The Imperfect Art. Reflections on Jazz and Modern Culture*, New York 1988.

Ted Gioia, »The Aesthetics of Imperfection«, in: *The Hudson Review* 4 (1987), S. 585-600.

Lydia Goehr, »›Three Blind Mice‹. Goodman, McLuhan and Adorno on the Art of Music and Listening in the Age of Global Transmission«, in: *New German Critique* 2 (2008), S. 1-32.

Lydia Goehr, *The Imaginary Museum of Musical Works. An Essay in the Philosophy of Music*, New York, Oxford u. a. 1992.

Nelson Goodman, »Der Status des Stils«, in: ders., *Weisen der Welterzeugung*, Frankfurt/M. 2001, S. 38-58.

Nelson Goodman, *Sprachen der Kunst. Entwurf einer Symboltheorie*, Frankfurt/M. 1997.

Carol S. Gould, Kenneth Keaton, »The Essential Role of Improvisation in Musical Performances«, in: *The Journal of Aesthetics and Art Criticism* 2 (2000), S. 143-148.

Mark Gridley, Robert Maxham, Robert Hoff, »Three Approaches to Defining Jazz«, in: *The Musical Quarterly* 4 (1989), S. 513-531.

Paul Griffiths, *Modern Music and After*, New York 2010.

Christan Grüny, *Klangformen. Philosophische Konstellationen zur Musik*, Weilerswist 2014.

Christian Grüny (Hg.), *Musik und Sprache. Dimensionen eines schwierigen Verhältnisses*, Weilerswist 2012.

Jürgen Habermas, *Theorie des kommunikativen Handelns*, 2 Bde., Frankfurt/M. 1981.

Garry L. Hagberg, »Jazz Improvisation and Ethical Interaction. A Sketch

of the Connections«, in: ders. (Hg.), *Art and Ethical Criticism*, Malden/Ma., Oxford u. a. 2008, S. 259-285.
Garry L. Hagberg, »Jazz Improvisation: A Mimetic Art?«, in: *Revue Internationale de Philosophie* 4 (2006), S. 469-485.
Garry L. Hagberg, »On Representing Jazz: An Art Form in Need of Understanding«, in: *Philosophy and Literature* 1 (2002), S. 188-198.
Garry L. Hagberg, »The Aesthetics of Jazz Improvisation«, in: Michael Kelly (Hg.), *Encyclopedia of Aesthetics*, New York, Oxford 1998, S. 479-482.
Andy Hamilton, »The Art of Improvisation and the Aesthetics of Imperfection«, in: *British Journal of Aesthetics* 1 (2000), S. 168-185.
Ajay Heble, *Landing on the Wrong Note. Jazz, Dissonance, and Critical Practice*, New York, London 2000.
G. W. F. Hegel, *Phänomenologie des Geistes*, Frankfurt/M. 1986.
G. W. F. Hegel, *Philosophie der Geschichte*, Frankfurt/M. 1986.
G. W. F. Hegel, *Vorlesungen über die Ästhetik. Band 1*, Frankfurt/M. 1986.
Martin Heidegger, »Der Ursprung des Kunstwerkes«, in: ders., *Holzwege*, Frankfurt/M. 2003, S. 1-74.
Martin Heidegger, *Sein und Zeit*, Tübingen 2001.
Gunnar Hindrichs, *Die Autonomie des Klangs. Eine Philosophie der Musik*, Berlin 2013.
Axel Honneth, *Kampf um Anerkennung*, Frankfurt/M. 1994.

Arnold Jaboshagen, Frieder Reininghaus (Hg.), *Musik und Kulturbetrieb. Medien, Märkte, Institutionen*, Laaber 2006.
Roman Jakobson, *Poetik. Ausgewählte Aufsätze 1921-1971*, Frankfurt/M. 1979.

Andrew Kania, »All Play and no Work: An Ontology of Jazz«, in: *The Journal of Aesthetics and Art Criticism* 4 (2011), S. 391-403.
Andrew Kania, Theodore Gracyk (Hg.), *The Routledge Companion to Philosophy and Music*, London, New York 2011
Andrew Kania, »Works, Recordings, Performances: Classical, Rock, Jazz«, in: Mine D. Dack (Hg.), *Recorded Music. Philosophical and Critical Reflections*, London 2008, S. 3-21.
Peter Kemper (Hg.), *Postmoderne oder Der Kampf um die Zukunft. Die Kontroverse in Wissenschaft, Kunst und Gesellschaft*, Frankfurt/M. 1988.
William Kinderman, »Improvisation in Beethoven's Creative Process«, in: Bruno Nettl, Gabriel Solis (Hg.): *Musical Improvisation. Art, Education, and Society*, Urbana-Champaign 2009, S. 296-311.
Peter Kivy, *Introduction to a Philosophy of Music*, Oxford, New York 2002.
Peter Kivy, »Platonism in Music. A Kind of Defense«, in: ders., *The Fine Art of Repetition. Essays in the Philosophy of Music*, Cambridge, New York u. a. 1993, S. 35-58.

Bernd Kleimann, Reinold Schmücker (Hg.), *Wozu Kunst? Die Frage nach ihrer Funktion*, Darmstadt 2001.

Wolfram Knauer (Hg.), *Darmstädter Beiträge zur Jazzforschung. Band 1-12*, Hofheim 1992 ff.

Robert Kraut, »Why Does Jazz Matter to Aesthetic Theory?«, in: *The Journal of Aesthetics and Art Criticism* 1 (2005), S. 3-15.

Hans-Thies Lehmann, *Postdramatisches Theater*, Frankfurt/M. 2005.

Jerrold Levinson, »What a Musical Work Is«, in: ders., *Music, Art, and Metaphysics*, Ithaca 1990, S. 63-88.

Jerrold Levinson, »Defining Art Historically«, in: *British Journal of Aesthetics* 3 (1979), S. 232-250.

Lewis Lockwood, *Beethoven. Sein Leben, seine Musik*, Kassel 2009.

Karlheinz Lüdeking, *Analytische Philosophie der Kunst*, Frankfurt/M. 1988.

Wynton Marsalis, *Jazz, mein Leben. Von der Kraft der Improvisation*, München 2010.

Susan McClary, Robert Walser, »Theorizing the Body of African-American Music«, in: *Black Music Research Journal* 1 (1994), S. 75-84.

John McDowell, »Ästhetischer Wert, Objektivität und das Gefüge der Welt«, in: ders., *Wert und Wirklichkeit. Aufsätze zur Moralphilosophie*, Frankfurt/M. 2009, S. 179-203.

John McDowell, *Mind and World*, Cambridge/Mass., London 1996.

Christoph Menke, »Das Urteil: zwischen Ausdruck und Reflexion«, in: ders., *Die Kraft der Kunst*, Berlin 2013, S. 56-81.

Christoph Menke, *Kraft. Ein Grundbegriff ästhetischer Anthropologie*, Frankfurt/M. 2008.

David Metzer, *Musical Modernism at the Turn of the Twenty-First Century*, Cambridge 2009.

Georg Mohr, »Eine neue Philosophie der Neuen Musik – mit und nach Adorno«, in: *Deutsche Zeitschrift für Philosophie* 4 (2010), S. 647-655.

Ingrid Monson, *Saying Something. Jazz Improvisation and Interaction*, Chicago 1996.

David Nicholls (Hg.), *The Cambridge Companion to John Cage*, Cambridge, New York u. a. 2002.

Friedrich Nietzsche, *Zur Genealogie der Moral*, München 1999.

Robert Pippin, *Hegel's Practical Philosophy. Rational Agency as Ethical Life*, Cambridge, New York u. a. 2008.

Keith Polk, *German Instrumental Music of the Late Middle Ages. Players, Patrons and Performance Practice*, Cambridge, New York u. a. 1992.

Eric Porter, *What Is this Thing called Jazz? African American Musicians as Artists, Critics and Activists*, Berkeley, Los Angeles u.a. 2002.
Hilary Putnam, *Vernunft, Wahrheit und Geschichte*, Frankfurt/M. 1982.

Jacques Rancière, *Die Aufteilung des Sinnlichen. Die Politik der Kunst und ihre Paradoxien*, Berlin 2006.
Maria E. Reicher, *Einführung in die philosophische Ästhetik*, Darmstadt 2005.
Aaron Ridley, »Against Musical Ontology«, in: *The Journal of Philosophy* 4 (2003), S. 203-220.
Albrecht Riethmüller (Hg.), *Revolution in der Musik. Avantgarde von 1200 bis 2000*, Kassel, Basel 1989.
Peter Rinderle, *Die Expressivität der Musik*, Paderborn 2010.
Paul Rinzler, *The Contradictions of Jazz*, Lanham/Maryland, Toronto u.a. 2008.
Bertrand Russell, *Probleme der Philosophie*, Frankfurt/M. 1967.

Martin Seel, *Versuch über die Form des Glücks*, Frankfurt/M. 1995.
Frank Sibley, »Aesthetic Concepts«, in: *The Philosophical Review* 4 (1959), S. 421-450.
Francis Sparshott, *The Theory of the Arts*, Princeton 1982.

Richard Taruskin, *Music in the Early Twentieth Century*, New York 2005.
Ernst Thomas (Hg.), *Notation neuer Musik*, Mainz 1965.
Michael Thompson, *Leben und Handeln*, Frankfurt/M. 2008.
Leo Treitler, *With Voice and Pen: Coming to Know Medieval Song and how it was Made*, Oxford 2003.
Martin Tröndle (Hg.), *Das Konzert. Neue Aufführungskonzepte für eine klassische Form*, Bielefeld 2009.

Matthias Vogel, »Nachvollzug und die Erfahrung musikalischen Sinns«, in: Alexander Becker, Matthias Vogel (Hg.), *Musikalischer Sinn. Beiträge zu einer Philosophie der Musik*, Frankfurt/M. 2007, S. 314-368.
Jean-Noël von der Weid, *Die Musik des 20. Jahrhunderts*, Frankfurt/M. 2001.

Kendall Walton, »Listening with Imagination. Is Music Representational?«, in: *The Journal of Aesthetics and Art Criticism* 1 (1994), S. 47-61.
Lorenz Welker, »Kapitel 2: Die Musik der Renaissance«, in: Herman Danuser (Hg.), *Musikalische Interpretation*, Laaber 1992, S. 139-216.
Albrecht Wellmer, *Versuch über Musik und Sprache*, München 2009.
Albrecht Wellmer, »Über Negativität und Autonomie der Kunst. Die

Aktualität von Adornos Ästhetik und blinde Flecken seiner Musikphilosophie«, in: Axel Honneth (Hg.), *Dialektik der Freiheit. Frankfurter Adorno-Konferenz 2003*, Frankfurt/M. 2005, S. 237-287.
Albrecht Wellmer, »Das musikalische Kunstwerk«, in: Andrea Kern, Ruth Sonderegger (Hg.), *Falsche Gegensätze. Zeitgenössische Positionen zur philosophischen Ästhetik*, Frankfurt/M. 2002, S. 133-175.
Meredith Williams, »Beethoven's Creativity: His Improvisations«, in: *Beethoven Newsletter* 1 (1986), S. 25-28.
Ludwig Wittgenstein, *Philosophische Untersuchungen*, Frankfurt/M. 2003.
Nicholas Wolterstorff, *Works and Worlds of Art*, Oxford 1980.

James O. Young, Carl Matheson, »The Metaphysics of Jazz«, in: *The Journal of Aesthetics and Art Criticism* 2 (2000), S. 125-133.

Namenregister